本书出版获得中共中央党校国际战略研究所2013年度重点项目资助

中共中央党校 国际战略研究丛书
International Strategic Studies of CCPS Series

德国马克的崛起
——货币国际化的政治经济学分析

The Rise of Deutsche Mark
The Political Economy Analysis on
Currency Internationalization

赵 柯 ◎ 著

中央编译出版社
Central Compilation & Translation Press

总　序

"青年最富有朝气、最富有梦想。中国的未来属于年轻一代，欧洲的未来属于年轻一代，世界的未来属于年轻一代"。国家主席习近平2014年4月1日在布鲁日欧洲学院演讲中这番热情洋溢的话语，不仅表达了对青年人未来通过努力奋斗，能够有所作为的无限期许，也充分体现了新时期青年人应该肩负起的历史责任和历史担当。

正如习近平主席所说，中国学术研究的未来更是在于青年人，青年学者的发展决定了未来中国学术研究的高度和水准。但是，毋庸讳言，在学术研究中青年人所应获得支持和鼓励与实际所得获取的还存在不小差距。近年来，我参加各类学术会议实属不少，一个突出印象是：老面孔多，新面孔少。这反映出一个基本的事实：能够让青年人崭露头角、一展身手的平台和机会还是相对较少。为了能够让年轻人有更多的机会展现自己的才华，中央党校国际战略研究所在科研经费非常紧张的情况下仍然决定：第一，每年拿出专项经费资助所里的青年学者出版自己的学术专著，这既是对所里年轻人的鼓励，也是一种鞭策，让他们能够不断地贡献出更好的学术成果，为中国的国际问题研究添砖加瓦；第二，成立"中国国际问题研究青年学者50人论坛"，凝聚和团结年轻人，为中国国际问题研究领域的青年学者搭建学术交流和思想碰撞的平台，展示新锐研究成果，形成国际问题研究领域青年学者共同体。

从另一方面来说，今天从事国际问题研究的年轻人也是幸运的，他们身处一个前所未有的伟大时代，正在亲身经历着中国与世界所发生的巨大变革，他们有更好的机遇和能力去投身其中，引领时代洪流，成为这个伟大时代的弄潮儿。经过30多年的改革开放，中国综合国力大幅提升。现在，我们比历史上任何时期都更接近中华民族伟大复兴的目标，比历史上任何时期都更有信心、有能力实现这个目标。在这一历史背景下，中国外交站在了一个新的历史起点上。我们的国家从来没有像今天这样接近世界舞台的中央，从来没有像今天这样全面参与国际社会的各种事务，也从来没有像今天这样承担着维护世界和平、促进人类共同发展的重要责任。这都为青年学者的研究提供了前所未有的外部环境，也将成为他们研究极有可能取得突破的知识增长点，新时期的中国青年学者将会有更多的机会去引领未来的世界学术发展的潮流。

时势造英雄，江山代有才人出。今天中国的发展不仅极大地改善了13亿多中国人的生活水平，创造了世界经济史上的奇迹，同时，中国的和平发展也在造福世界，为世界的未来发展贡献新的理念。习近平总书记提出了"一带一路"建设的倡议、亚洲安全观、人类命运共同体等一系列关系中国与世界和平与发展的宏大战略，这些都为中国的国际问题研究学界提出了新的任务和挑战，也创造了前所未有的机遇。可以说，当前的形势与我们的任务亟须国际问题研究的中国视角和中国智慧，这既是时代发展的要求，也是青年学者应有的学术抱负。我相信，青年学人必将在其中扮演至关重要的角色，让青春无悔于时代，让才情在知识海洋中尽情挥洒。

韩保江

2015年6月于中央党校

目　录

推荐序 ··· 丁一凡　1
前言：和平崛起的德国与德国马克的崛起 ································ 1

第一章　导论 ··· 1
　一、问题的提出 ·· 1
　二、文献综述与分析框架 ··· 5
　　（一）货币与生俱来的权力属性 ································· 5
　　（二）政治经济学视野下的货币国际化 ·························· 12
　　（三）国际货币体系演变进程中的"有形之手" ···················· 21
　　（四）国内外对马克国际化的研究现状 ·························· 32
　三、本书的主要观点 ·· 36
　四、本书可能的创新点 ·· 39
　五、本书的研究方法 ·· 39

第二章　马克国际化的起点：黄金与美元危机 ······················ 41
　一、战后美元危机 ·· 41
　二、德国在法、美"货币战争"中的艰难抉择 ························ 44
　三、德国马克的"突然崛起" ······································ 51

第三章 去美元化：马克主导下的欧洲货币联盟 55
一、布雷顿森林体系的解体与欧美战后"货币共识"的消解 55
二、德国马克主导下的欧洲货币联盟 59
三、马克国际化的制度保证和政治合法性 65

第四章 创建欧元：马克国际化的"升级版" 69
一、欧元诞生的"特里芬理论" 69
二、披上"欧元"外衣的德国马克 74
三、德国对"国际货币权力"的积极运用 82

第五章 工业竞争力：德国国际货币权力的微观基础和稳固支点 85
一、国际分工视角下的马克国际化 85
二、货币国际化的工业型与金融型路径：德国马克与日元国际化的比较 93
三、德国工业力量的源泉：实业立国的理念和传统 100

第六章 欧债危机——德国国际货币权力的扩张 107
一、德国主导欧洲的根基：源自欧元的国际货币权力 107
二、相互冲突的双重目标：保持欧元区完整 + 控制成员国财政权 112
  （一）欧债危机的发展趋势 112
  （二）"托管"希腊 118
  （三）"威逼"西班牙 122
三、欧元区的未来：走向"德国式"财政联盟之路 126
四、欧元区的"基辛格电话号码"与欧债危机的平息 132

目 录

第七章　德国马克崛起的经验启示：对外货币合作助力货币国际化 …… 142
　一、积极推动中欧在国际货币体系改革中的合作 ………… 142
　二、中欧货币合作：问题与挑战 ……………………………… 148
　三、中欧货币合作的路径选择 ………………………………… 153

结语 ……………………………………………………………… 161
参考文献 ………………………………………………………… 165
后记 ……………………………………………………………… 174

推荐序

当人们都在憧憬人民币国际化的未来，大谈人民币对国际货币体系的冲击时，赵柯博士的《德国马克的崛起——货币国际化的政治经济学分析》一书可以为人们提供一个不可多得的货币国际化的参考视角。

的确，当我们谈到人民币国际化时，想到的往往是以英镑为中心的国际货币体系，想到的是美元的国际化，甚至是日元的国际化，但很少有人去提及德国马克曾经的辉煌。其实，马克国际化是一个被遗忘的精彩故事。魏玛共和国时期，德国发生过恶性通货膨胀，马克也曾贬得一文不值。第二次世界大战结束后，德国被一分为二。然而，西德重建的德国马克很快就取得了成功，在1973年就超过英镑成为美元之外的第二大国际货币。之后，尽管西德经济规模只是世界第三，但德国马克却牢牢地占据着世界第二货币的位置。相比之下，尽管日本经济总量已达世界第二，但日元的国际化并不成功。

传统经济学告诉我们，一国的货币要实现国际化，一要有发达的金融市场，二要实现资本账户的自由化。然而，德国马克在国际化时，西德的金融市场并不发达，所以西德政府一直保持着资本管制。直到20世纪80年代中期，欧洲共同体要搞统一大市场，西德才取消了资本管制。德国为何能先实现马克的国际化，后开放资本账户呢？

德国马克的崛起——货币国际化的政治经济学分析
The Rise of Deutsche Mark—The Political Economy Analysis on Currency Internationalization

德国马克国际化有两大特点：一是德国不像美国那样，靠输出金融产品来扩张美元，而是靠德国工业支撑全球对马克的需求；二是德国马克国际化抓住了有利的历史机遇：20世纪70年代欧洲人开始思考如何摆脱美元霸权，德国和法国在积极推动这一过程中，带头创建了欧洲货币体系，而马克则成为欧洲货币体系的名义锚，欧洲货币体系的成员国实际上成了马克区的成员。

欧洲货币体系开始时有八个国家，为何德国马克就成为了核心，成为名义锚了呢？这事情与20世纪70年代美元的贬值和全球通货膨胀直接有关。"二战"后，西欧国家在美国的"马歇尔计划"帮助下很快发展了起来，对美国出口不断增长，美元储备不断增长。美国在向西欧出口美元的同时，债务也不断增长。直到20世纪70年代初，人们开始对美国债务的可持续性产生了怀疑，美元的投机风潮此起彼伏。

战后建立的布雷顿森林国际货币体系是个美元与黄金挂钩的体系，实际上是个黄金影子区。当人们不信任美元时，就开始利用美元与黄金的固定汇率，拿美元去兑换黄金。1971年，当美国的对外债务已经超过黄金储备时，如果西欧国家继续拿美元来换黄金，美国就要破产了。总统尼克松最后决定切断美元与黄金的联系，关闭兑换黄金的窗口。美国违约，美元大幅贬值，布雷顿森林体系摇摇欲坠。

由于美元在国际货币体系中的霸主地位，国际大宗商品期货基本上都由美元定价。美元贬值，造成大宗商品期货的价格暴涨，从而促发了全球的通货膨胀。20世纪70年代，全球经济都受到通货膨胀的困扰。"屋漏偏逢连阴雨"，就在大家都为通货膨胀而头疼时，欧佩克组织又对以色列及其盟国发动了石油禁运，引发了一场巨大的石油危机。石油是现代经济的基础能源和材料，石油价格暴涨，经济就大幅衰退了。为了对付衰退，增加就业，包括美国在内的多数发达国家都扩大了公共开支，主动采取宽松的货币政策以刺激货币

推荐序

贬值、提高自己的竞争力。然而，经济增长仍然乏力，多数国家进入了货币贬值—通货膨胀上涨—贸易赤字增加—货币继续贬值的恶性循环。

然而，在西欧国家中，西德是个例外。西德一直把财政、货币政策纪律当作神圣的原则，没有为了刺激经济而去随意放松货币政策，因此西德的通货膨胀率一直低于其他西欧国家，马克的购买力坚挺，马克的汇率也就比其他货币更坚挺。原西德的总理施密特曾表示，马克坚挺虽然不利于西德工业制成品的出口，但却能逼着西德企业不断提高竞争力，提高劳动生产率。结果，西德企业变得更加强大，造的产品也越来越好。虽然马克升值使西德制造比其他国家的工业制成品更贵，但因为德国质量让人放心，西德的出口不降反升。

正是在这种背景下，德国马克成为欧洲货币体系的核心货币，成为实际上的名义锚。其他成员国的货币汇率在脱离了美元后，都与马克挂钩，某种程度上就引进了西德的低通货膨胀。这种做法创造出了对马克的新需求，马克的使用迅速扩大，成为仅次于美元的国际货币体系中的第二大储备货币。

可以说，德国人不像日本人那样，他们没有设计马克国际化的宏大战略，马克的成功是德国人强大工业力量的副产品，是德国联合其他欧洲国家摆脱美元霸权努力的"集体成果"。

苏东剧变，德国统一，欧洲人开始担心德国马克在欧洲的霸权地位。法国联手其他国家，逼着德国交出马克，共同浇铸新的统一货币欧元。德国马克最终熔化于欧元之中，而欧元明显带有浓厚的马克的味道。

今天，我们回顾德国马克国际化的历程，可以为中国的人民币国际化得出某种有益的启示。其实，货币的国际化并不只是一个金融开放的问题，归根结底它要根植于一个国家的具体情况，要能够包容其他国家的利益。日本曾经想模仿美国,通过金融渠道扩张日元,最终反而对本国经济造成了巨大的灾难。但愿我们不要再蹈日本的覆辙。

国务院发展研究中心世界发展研究所前副所长、研究员
中国世界经济学会副会长　丁一凡
外交部国际经济金融咨询委员会委员

前言：和平崛起的德国与德国马克的崛起

2014年对德国而言具有特别的意义：100年前，第一次世界大战爆发，年轻的德意志帝国亢奋地迎接战争的到来，自信满满地认为能够通过武力获取世界的主导权，但结果却是帝国的崩溃；75年前，希特勒统治下的第三帝国再次卷土重来，用复仇的怒火点燃高涨的民族情绪，发动第二次世界大战，试重温帝国旧梦，结果是德国被一分为二，成为了冷战期间东西方阵营对峙的前线；25年前，柏林墙倒塌，德国重新统一，欧洲人普遍担心统一的德国是否会重走"德意志特殊道路"。为了消除这些忧虑，德国极力避免在国际政治舞台太过积极地"抛头露面"，更愿意躲在法国人的背后，掩藏自己的锋芒。而在2014年，德国足球夺得巴西世界杯冠军是一件极富象征意义的事件：如同足球一样，德国如今已经重返世界权力格局的核心。经过欧债危机洗礼的欧洲权力结构发生了变革，德国成为了欧洲事实上的"盟主"，德国领导人不再教条式地"自我克制"，而是大大方方从幕后走到了前台，充满自信地公开宣称要"共同塑造世界秩序"，德国年轻一代政治精英更是直言不讳地谈论德国的"新权力、新责任"。

仅仅在几年前，"欧洲的德国"或者"德国的欧洲"这类说法还只是存在于象牙塔内的理论探讨，并且学术界更多地是从文化与文明发展的角度来看待德国与欧洲的关系。但是，欧债危机以来"德国的欧洲"

德国马克的崛起——货币国际化的政治经济学分析
The Rise of Deutsche Mark—The Political Economy Analysis on Currency Internationalization

真正地成为了政治家们需要认真思考和面对的一个现实问题。2013年7月20日,德国财长朔伊布勒(Wolfgang Schaeuble)发表了一篇名为《我们不要德国的欧洲》的文章,否认德国在欧洲谋求政治领导地位。该文章当天同时在德国、英国、法国、波兰、意大利和葡萄牙的主流日报上刊发。朔伊布勒此文的目的显然是想打消其他欧盟成员国对欧债危机以来德国影响力不断上升的担心和忧虑,但另一方面,朔伊布勒如此高调的政策宣示反而凸显了一个无法否认的事实:德国的欧洲正在形成。回顾欧债危机演变的过程会发现,在每一个关键的节点上——危机救助政策实施的内容、步骤和时机——德国都发挥着决定性的影响力。在当前的乌克兰危机中,默克尔更是以"舍我其谁"的姿态代表欧洲与俄罗斯周旋,令奥巴马也"相形见绌"。

更为重要的是,欧洲其他国家对德国的这种领导地位并未真正地反感或是怀疑,虽然当前欧洲一些国家对德国有不满情绪,但主要是针对德国倡导的紧缩政策,而非德国在欧洲这种领导地位本身,是"对事不对人",因为战后德国半个世纪以来对自身的深刻反省和对欧洲一体化持续的支持与投入,为自己赢得了信任和尊重。这也是为什么一直与德国有"血海深仇",并且一直与德国暗中较劲中东欧领导权的波兰也公开呼吁德国在欧洲承担更大的领导责任。现在欧洲人担心的不是德国领导欧洲,而是德国不领导欧洲。从这个意义上说,当今德国真正实现了"和平崛起",非但没有引起敌意,反而让欧洲其他国家心悦诚服。当年野心勃勃的威廉二世和穷兵黩武的希特勒用战争手段来追求德国的国际地位,结果造成国家崩溃,把整个德意志民族带入灾难的深渊。

那么,德国"和平崛起"的秘诀是什么呢?蒙代尔曾说:伟大的国家要有伟大的货币。历史上的霸权兴衰与国际货币体系的演变过程高度一致,在国际格局中处于领导地位的国家其主权货币往往也是国际货币,这并非巧合。国际关系史也是一部大国间主权货币争夺国际货币地位的

前言：和平崛起的德国与德国马克的崛起

权力史，货币关乎国家兴衰。这是因为，国家间的竞争在很大程度上体现为对国际资本的竞争，因为无论是发动战争还是发展经济，拥有充足的资金都是绝对的前提。哪个国家能够大规模、低成本、可持续地以低成本吸引到充足的新鲜资本，也就是说具有极强的融资能力，哪个国家就会获取到竞争优势。而只有那些站在国际货币体系金字塔顶端的国家，也就是拥有国际货币的国家才能具备这种极强的融资能力。

国际货币本质上所体现和承载的是对一个国家长期稳定与繁荣具有决定性意义的融资能力，这种能力关乎每个国家的兴衰存亡，所以每个国家都会竭尽全力去维护自己的这一能力不受损害和侵蚀。用国际政治的语言讲这是不容他国染指的"核心国家利益"，具有非常强的"排他性"。另一方面，融资能力是一种稀缺资源，从流量上看，在每一个特定的时期内和节点上，一国国内和整个世界的财富和资源是一定的，当一定量的资本被一个国家汲取之后，另一个国家就无法再次及时筹集到充足的资金服务于本国的安全与发展，其融资能力实际上是受损的，这是一场"零和游戏"，所以融资能力又具有"竞争性"的特点。正是因为融资能力的这种强烈的"排他性"和"竞争性"。所以，作为提高一国融资能力最为重要的手段——本国货币的国际化——成为了大国间竞争角逐的战略目标。这一博弈体现在两个方面：一方面要努力实现本国货币的国际化，维护本国货币作为国际货币的地位，保证本国融资能力的自主性和便利性；另一方面就是阻止其他国家货币取代本国货币。

德国在战后的成功崛起在很大程度上源自马克在欧洲货币体系中的优势地位，而后来欧洲统一货币——欧元的诞生也并非意味着马克的消亡，而是国际化程度更高的马克以另外一种形式"重生"。欧元作为一种共同货币制度，其引入后的直接后果就是重塑了欧洲的经济格局，这其中最为关键的变革就是欧洲内部的资本流由之前围绕英国、法国和德国三个中心的多边循环流动，逐渐变成了主要以德国一个中心与其他欧盟成员国之间的"一对多"的双边循环流动。德国站在了整个欧洲内部资金流动链条的顶端,扮演着"欧洲银行家"的角色。这让德国具有了其他欧盟国家无可比拟的"超强融资能力"。披着欧元外衣的德国马克,是德国崛起的关键,而之所以德国的崛起是和平的,那是因为德国在马克国际化的过程中能够包容其他欧盟成员国的利益,在制度设计上使这些国家能够不断分享马克国际化所带来的红利。

凯恩斯在《货币论》中说过:如果以货币为主线,重新撰写经济史,那将是相当激动人心的。其实,如果以货币为主线,重新审视国际关系史,将更加令人心潮澎湃。在德国马克崛起的过程中不仅贯穿了国际金融市场的风云变幻,也充满着各国政治精英的纵横捭阖;既有工业力量的拼比,也有军事实力的对决;不仅能够看到政客的阴谋算计,也能感受政治家的远见和情怀。

德国马克的故事很精彩!

第一章 导 论

一、问题的提出

1948年6月20日,《发行法》(*Das Emissionsgesetz*)和《货币法》(*Das Waehrungsgesetz*)在美、英、法三国占领下的西部德国生效,规定从1948年6月21日起德国马克[①](Deutsche Mark,或简称为D-Mark)正式开始流通,取代原先西占区的各类货币成为唯一有效的法定货币。[②] 德国马克的诞生拉开了德国西占区全面而又彻底的"一揽子"货币改革计划的序幕,并且成功地开启了通往战后"经济奇迹"之路的大门[③],德国马克也一直被看作是联邦德国繁荣与稳定的象征,在国际上享有盛誉。

可是诞生于战争废墟之上的德国马克在起步之初运气并不算好,初登国际货币舞台就在1950年遭遇了本国国际收支危机,成为了当时欧洲

---

① 本书中的"德国马克"或者"马克"均指第二次世界大战后成立的德意志联邦共和国(在1990年德国统一前习惯称为"联邦德国"或"西德")所发行的货币,书中的"德国"也指德意志联邦共和国(区别于1990年之前存在的德意志民主共和国,习惯上称为"民主德国"或"东德")。

② Christoph Buchheim, "Die Waehrungsreform 1948 in Westdeutschland", in *Vierteljahrshefte fuer Zeitgeschichte*, Apr. 1988, p. 217.

③ Christoph Bucheim, "The Establishment of the Bank deutscher Laender and the West German Currency Reform", in the Deutsche Bundesbank (eds.), *Fifty Years of the Deutsche Mark: Central Bank and the Currency in Germany since 1948*, Oxford University Press, 1999, p. 97.

德国马克的崛起——货币国际化的政治经济学分析
The Rise of Deutsche Mark—The Political Economy Analysis on Currency Internationalization

支付同盟（European Payment Union）成员国货币中最弱的一个[①]，丝毫看不出有任何成为强势货币的影子。但是在 1958 年德国马克实现自由兑换之后，仅仅过了 15 年，德国马克就超过英镑，在 1973 年成为了世界第二大储备货币[②]，但是在 20 世纪 70 年代初期，马克在可统计到的各国官方储备中所占的份额还并不大，还不到 2%，总金额接近 30 亿马克；而到了 15 年后的 1984 年马克的份额上升到了 12% 左右，总金额达到 1180 亿马克。[③] 其实，从 20 世纪 60 年代中后期开始，国外私人部门对德国马克的需求就逐年增加，到 1994 年末仅银行体系之外的德国马克现钞就有 30%—40% 是在德国本土之外的其他国家流通[④]，同期美元现钞的这一比例是 45%—50%，而日元大概在 25% 左右，其他 OECD 国家货币不超过 10%—15%。[⑤] 此外，在一些其他衡量货币国际化程度的指标中，例如以德国马克计价的国际资产和国际贸易额在世界总量中的比重，以及在全球对外直接投资和外汇市场交易中所占份额等，德国马克都表现出色[⑥]，牢牢

[①] 为了配合战后"马歇尔计划"中援助资金的使用，在美国的倡议下欧洲支付同盟（EPU）成立于 1950 年 7 月 1 日，成员包括爱尔兰、法国、意大利、荷兰、比利时、卢森堡、奥地利、希腊、土耳其、丹麦、挪威、瑞典、瑞士、葡萄牙、冰岛、联邦德国和美国等 17 个国家。EPU 的主要目的是在成员国货币不能自由兑换，并且普通面临国际收支困难的情况下，将繁琐复杂的双边贸易清算机制改为在 EPU 内部实行多边清算，进而拆除成员国之间的贸易壁垒，实现自由贸易。在成员国货币相继实现自由兑换之后 1958 年 12 月 27 日 EPU 解散。

[②] Otmar Emminger, *D-Mark, Dollar, Waehrungskrisen*: *Erinnerungen eines ehemaligen Bundesbankpraesidenten*, Stuttgart, Deutsche Verlags-Anstalt, 1986, p. 23.

[③] Otmar Emminger, *D-Mark, Dollar, Waehrungskrisen*: *Erinnerungen eines ehemaligen Bundesbankpraesidenten*, Stuttgart, Deutsche Verlags-Anstalt, 1986, p. 42.

[④] Franz Seitz, "Der DM-Umlauf im Ausland", Diskussionspapier 1/95, Deutsche Bundesbank, Mai. 1995, p. 54.

[⑤] Kenneth Rogoff, Francesco Giavazzi, Friedrich Schneider, "Blessing or Curse? Foreign and Underground Demand for Euro Notes", in *Ecomonic Policy*, Vol. 13, No. 26, Apr. 1998, pp. 270 – 279.

[⑥] 相关统计数据，可以参考：Jacob A. Frenkel and Morris Goldstein, "The International Role of the Deutsche Mark", in the Deutsche Bundesbank (eds.), *Fifty Years of the Deutsche Mark*: *Central Bank and the Currency in Germany since 1948*, Oxford University Press, 1999, pp. 685 – 729; "Die Rolle der D-Mark als internationale Anlage-und Reservewaehrung", Deutsche Bundesbank Monatbreicht, April 1997.

第一章 导 论

地占据了世界第二大储备货币的地位。

本书要回答的一个核心问题是,作为一个战败国家的货币,马克为什么能够在战后克服种种不利的政治经济条件,在相对较短的时间内顺利地实现了国际化,迅速崛起成为世界第二大储备货币?主流经济学一般将货币国际化归结为市场力量的推动,是各个经济行为体出于降低交易成本和规避市场风险的考虑,在无数次的相互交易中自发作出的一个市场选择,一个国家的货币能否最终被市场所选择成为国际货币的关键在于:一个国家的经济规模要足够大,宏观经济政策要得当(增长稳定、低通胀率),以及具备足够深度和广度的金融市场并且实现资本账户的自由化;国际货币的地位会给发行国带来一定的负担,但相较之下其创造的收益要更为巨大。对于货币国际化的过程,经济学观点通常认为一国货币一旦成为国际货币,其"先入为主"的优势会形成一种自我强化的"网络外部性"(Network Externalities)效应,这会使得后进国家货币的国际化进程十分缓慢。[①] 但是德国马克崛起的历史却与这些主流理论的解释不尽相一致,首先,德国的金融市场并

[①] 关于主流经济学对货币国际化的解释,可以参考:Samar Maziad, Pascal Farahmand, Shengzu Wang, Stephanie Segal, and Faisal Ahmed, "Internationalization of Emerging Market Currencies: A Balance between Risks and Rewards", IMF Staff Discussion Note, October 19, 2011; Peter B. Kenen, "Currency Internationalisation: An Overview", paper for BoK-BIS Seminar on currency internationalisation: Lessons from the global financial crisis and prospects for the future in Asia and the Pacific, 19 March, 2009; Elias Papaioannou and Richard Portes, "Costs and Benefits of Running an International Currency", *Economic Papers 348*, European Commission, November 2008; 李稻葵、刘霖林:《人民币国际化:计量研究及政策分析》,载《金融研究》,2008 年第 11 期; Menzie Chinn, Jeffrey A. Frankel, "Will the Euro Eventually Surpass the Dollar as Leading International Reserve Currency?", NBER, 2007; Charles Wyplosz, "An International Role for the Euro?", in Jean Dermine and Pierre Hillion (eds.), *European Capital Markets with a Single Currency*, Oxford University Press, 1999, pp. 76 - 104; George S. Tavlas, "The International Use of the US Dollar: An Optimum Currency Area Perspective", in *The World Economy*, Vol. 20, Iss. 6, pp. 709 - 747, September 1997; Paul R. Krugman, "The International Role of the Dollar: Theory and Prospect", NBER, 1984。

德国马克的崛起——货币国际化的政治经济学分析
The Rise of Deutsche Mark—The Political Economy Analysis on Currency Internationalization

不发达，按照德国金融学家弗兰克（Guenter Franke）的说法，与其他西方国家相比，直到20世纪90年代初德国在现代金融工具和资本市场理论的运用上还属于是发展中国家[①]，这一时期德国资本市场的规模不仅远远落后于美国和英国，甚至还落后于法国等欧陆国家，同时德国一直保持有相当程度的资本管制，直到20世纪80年代中后期才逐步解除，实现了资本账户自由化，可以说马克是先实现了国际化，然后德国资本账户才最终完全开放。其次，根据"网络外部性"效应，后进国家的货币国际化进程是十分缓慢的，但是数据显示从20世纪60年代末到90年代初这短短的20年内，马克国际化进程几乎是一夜之间启动，并且进展迅速，这又是为什么呢？再次，作为第二大国际货币的马克给德国带来了巨大的声誉和利益，为什么德国后来又果断放弃马克引入欧元呢？

可见，主流的货币国际化理论对上述问题不能给出令人完全满意的答案，其缺陷在于太过重视货币国际化进程中的市场逻辑，而且有意或者无意地忽视了国家权力和国家间冲突在其中所扮演的角色。市场逻辑之外，货币国际化的政治逻辑同等重要，国家特别是大国间围绕"国际货币权力"的竞争、合作与冲突是一国货币国际化的重要推动力，相较于市场，国家是国际货币体系更为重要的塑造者。更进一步讲，大国之所以在世界政治舞台上展开对"国际货币权力"的激烈角逐，其根源恰恰在于货币与生俱来的权力属性。

---

① Guenter Franke, "Deutsche Finanzmarktregulierung nach dem Zweiten Weltkrieg zwischen Risikoschutz und Wettbewerbssicherung", Discussion Paper, Center of Finance and Econometrics, University of Konstanz, Oct. 2000, p. 15.

第一章 导 论

二、文献综述与分析框架

(一) 货币与生俱来的权力属性

主流经济学认为货币起源于市场,货币的主要功能是降低市场交易成本,减少风险和不确定性,货币主要是一种经济现象,承担着交易媒介、计价单位和价值储藏的职能,解决的是经济运行中的"效率"问题。但在现实世界中,我们看到的却是许多货币问题并非完全遵循市场逻辑来演变,并且很多时候与"效率"原则背道而驰。比如,在1971年前后,当外国人所持有的美元资产达到500亿美元,而美国的黄金储备是150亿美元时,许多国家就对美元币值稳定的信心产生动摇,美元遭抛售,美国黄金储备急剧减少,最终导致了布雷顿森林货币体系的崩溃;但是到了2010年,当美国政府公共债务超过9万亿美元这一天文数字,并且债务规模还在不断膨胀时[1],美元贬值的风险明显要远远大于1971年,但是美元却没有遭遇抛售,为什么现在的美元资产持有人与1970年代如此不同,甘冒如此大的风险?当中国国家外汇管理局的官员与美国金融专员办公室官员会面时,台湾问题竟然成为了双方讨论的一个议题[2],为什么两国金融官员的议程中会涉及传统上属于外交领域的问题?从20世纪70年代至今,已经有许多技术上可行的改革国际货币体系的方案出台,但却从未有一个方案真正被实施过,为什么这些体现效率原则的设计总是被各国政府所抛弃?所有这些问题的根源在于,货币天然是一种权力,除了市场逻辑之外,还有一个政治逻辑,并且后者才是解

---

[1] Congressional Budget Offfice, "Federal Debt and Interest Cost", December 2010, p. 26.
[2] 路透中文网报道,http://cn.reuters.com/article/CNAnalysesNews/idCNCHINA-3844820110222(最后访问时间:2011年3月1日)。

决货币问题的关键，才更为有助于理解货币问题的本质和现实。

货币的政治逻辑可以分为三个层面：货币的起源、货币在社会经济中的作用以及货币的本质。首先，在货币的起源问题上，主流经济学一般都否认货币是一种国家制度，起源于政府的法律[①]，而是认为人们对市场交易便利性的需求导致了货币的出现，这种观念至少可以追溯到亚里士多德，他提供的解释是：我们交换的任何东西都需要比较（它们的价值）。这导致货币的介入，并充当一般等价物。这一普遍被接受的观念实际上存在着很大的缺陷，因为它在问题和解决问题的办法之间做简单对比，但并没有解释清楚这个解决问题的办法（即货币）是如何得出的，这就好比说：一天早上，一个交易者突然非常精明地通晓了货币交换的好处，于是，从那天下午开始，他便忙于将某种商品充当货币。或者，某个国家明智的君主提出将某种商品核定为一般交换媒介。[②] 这显然将货币的起源简单化地归结为人们自发、同时和统一的自然选择，但却将人们对货币的需求到货币最终产生之间这"惊人的一跃"所经历的曲折复杂的历史进程省略了，特别是抽掉了国家权力在其中的作用。

这种单纯从市场角度理解货币的观念被古德哈特定义为货币的 M 理论（Metallist），他认为对货币的认识更接近历史经验事实的是货币的 C 理论（Cartallist），也称为"货币的国家理论"。C 理论认为货币的起源和私人部门为最小化交易成本的经济活动根本无关，而是和主权国家紧密联系在一起，是货币发行当局的权力（Power）决定了货币的使用，一种物品成为货币并不在于其材质是金银还是纸张，而是在于其上面印刻的国家主权的标记，货币背后是国家的信用和权威。货币的出现和主权国家获取财政收入的活动密切相关，统治者引入货币一方面使得征税变

---

① Karl Menger, "On the Origin of Money", in *The Economic Journal*, Vol. 2, No. 6, 1892, p. 255.
② 〔美〕劳伦斯·H. 怀特：《货币制度理论》，李杨、周素芳、姚枝仲译，中国人民大学出版社 2004 年版，第 2 页。

第一章 导 论

得容易（税收货币化），同时也便利了国家的公共支出（实物支出变为货币支出），这种便利性客观上也减少了私人部门之间的交易费用。政府强制要求用货币上缴税款的规定使得社会对货币的需求加大，由于政府垄断货币发行，它又可以向社会注入基础货币，从而获取丰厚的铸币税收入。[①]

德国经济学家南普（Georg Friedrich Knapp）是 C 理论早期的代表人物，他通过逻辑推理论证了货币与国家密不可分。[②] 南普承认在现实生活中人们可以自发、自由地选择任一合适的物品担任一般等价物来作为相互交易的支付手段，可以是贵金属，也可以是粮食等实物，从而克服物物交换的不便。但是由于国家的存在，国家可以自由地运用权力规定现存的哪一种一般等价物——或者国家另外指定一个物品——可以作为人们缴税的支付手段而被国家所接受，同时国家还可以自由地规定其他一般等价物与这种国家认可的法定支付手段之间的价值比率。由于在整个社会经济运行中，国家在事实上是整个商业活动的结算中心（政府的征税活动涉及全国所有的商业活动，并且政府的支出和收入规模一般都要大于任何单个机构和个人），任何个人和机构在与国家发生支付业务时都必须使用法定的支付手段，这使得那些与国家有支付往来的个人和机构和其他与国家没有直接支付往来的个人和机构交易时，也倾向于接受法定支付手段，以便于以后与国家结算；这种偏好进而促使剩下的那些与国家没有直接支付往来的个人和机构之间相互交易时也使用法定支付手段。最终，这种以国家权威为支撑，通过政治权力确保其流动范围不断扩大的法定支付手段就战胜了其他私人部门的一般等价物，成为国家货币。在南普的逻辑中，国家的接受和认可，国家权力的推动是一种一般

[①] Charles A. E. Goodhart, "The Two Concepts of Money: Implications for the Analysis of Optimal Currency Areas", in *European Journal of Political Economy*, Vol. 14, 1998, pp. 407–432.

[②] Georg Friedrich Kanpp, *The Sate Theory of Money*, London, Macmillan, 1924, pp. 1–113.

等价物成为货币的决定性因素。雷（L. Randall Wray）进一步发展了南普的"货币的国家理论"，特别是对现代国家货币——纸币的本质进行了分析，他继承了南普"国家创造货币"的基本观点，认为一旦国家要向民众征税，并且要求民众用国家垄断发行的货币来缴税，国家就可以通过制定民众如何才能得到这些货币的条件来影响货币的价值。与其说政府需要民众的税款来维持开支，不说是民众需要政府的钱来缴税，因为政府作为货币的提供者，可以"买"任何以政府发行的货币标价的商品。税收机制创造了人们对国家货币的需求，所以国家货币的价值更多是取决于国家的征税能力和征税机制，国家货币因此可以理解为税收驱动货币（Tax-drive-money）。[①] 南普和雷的分析充实了主流经济学范式里"对货币的需求"与"货币的最终出现"之间所存在的"空档"，在货币的发展史中重新找回了国家，他们的理论在很大程度上解释了货币现象为什么总是离不开权力的阴影，因为一种物品最终成为货币不仅仅是市场的逻辑使然，更在于其背后的国家权威，以及国家权力对这一货币的流通领域不断扩大所提供的种种机制和保证。这一逻辑在国际货币体系的演变过程中同样起作用，一个主权国家的货币想要充当国际货币，一方面需要本国国家信用和强大的国家机器的支持，同时也需要其他国家政府的合作来扩展本国货币在境外的流通范围。

其次，对于货币在经济生活中的作用，主流经济学主要从经济活动"中介"的角度来分析。穆勒就认为："货币从本质上来说是最无意义的；它的意义只在于具有节省时间和劳动的特性。它是一种使人办事迅速和方便的机械，没有它，要办的事仍可办到，只是较为缓慢，较为不便。"[②] 休

---

① L. Randall Wray, *Understanding Modern Money: The Key to Full Employment and Price Stability*, Edward Elgar Publishing Limited, 1998, pp. 18 – 19, 155 – 177.

② 〔英〕约翰·穆勒：《政治经济学原理及其在社会哲学上的若干应用》下卷，胡企林、朱泱译，商务印书馆1991年版，第14页。

第一章 导 论

谟也不认为货币本身有任何的价值创造能力,"它不是贸易机器上的齿轮,而是一种使齿轮的转动更加平滑自如的润滑油"①。现代经济学对货币的认识已经大为深刻,但基本上还是继承了古典经济学家的"传统智慧",认为在长周期内,货币对现实生活中各种"真实"的经济要素影响不大。货币数量论是这一思想的浓缩,用方程式表达就是 $MV = PY$。其中,M 代表流通所需的货币数量,V 是货币流通速度(一定时期内一张钞票的转手次数),P 是价格水平,Y 是实际总收入(一般用 GDP 衡量)。如果一定时期内 V 和 Y 一定,那么货币数量增减带来的只是价格上的变动。也就是说货币并不重要,并不能够改变真实财富的总量,长期来看货币对社会经济的影响是"中性"的。② 这种理解忽视了货币数量的变化对社会财富所具有的"分配效应",18 世纪爱尔兰裔法国经济学家坎蒂隆(Richard Cantillon)比较早地对货币的这一效应进行了论述,他发现当货币供应量增加后,并不是所有商品的价格成比例地统一上涨,而是依赖于那些得到这些新货币的人对市场的判断和他们消费的方向,于是出现了一些经济部分的商品价格上涨幅度要大于另一些部门。这好比如果河流的水量加倍,流速并不会因此而成比例地加倍。③ 凯恩斯在其早期的著作《货币论》中对这一现象也进行了精辟的总结:货币变化不会以同一方式、同一程度或在同一时间中对所有的物价发生影响。④ 这种结构性物价变动的后果就是改变了社会财富的分布,货币供应量的变化所引起的"分配效应"是一个连锁反应式的动态过程,因为新增的货币量起初并不是同时到了所有人的腰包里,这里有一个先后次序,首先受

---

① 〔英〕大卫·休谟:《休谟经济论文选》,陈玮译,商务印书馆 1997 年版,第 29 页。
② Robert E. Lucas, "Monetary Neutrality", in *Journal of Political Economy*, Vol. 104, No. 4, 1996, pp. 661 – 682.
③ Cantillon, Richard, *Essai sur la nature du commerce en général*, edited with an English translation by Chantal Saucier and Mark Thornton, Ludwig von Mises Institute, 2010, p. 161.
④ 〔英〕凯恩斯:《货币论》上卷,何瑞英译,商务印书馆 1986 年版,第 80 页。

德国马克的崛起——货币国际化的政治经济学分析
The Rise of Deutsche Mark—The Political Economy Analysis on Currency Internationalization

益的人——如果货币为政府发行的纸币则是财政部——就第一个得到了更多的现金持有量，他们可以为他们想要的商品和服务支付更多的货币，得到财政部货币的经济部门的产品因需求增加而价格上升，工资也会提高，而他们的支出偏好将决定接下来谁能够得到这些新增货币，如此一环套一环，新增的货币从一个部门流入另一个部门，从一个群体手中流入另一个群体，直到新增货币丧失其影响价格的能力。显然，能够越早得到新增货币的群体受益最大，因为在他们得到货币时，其他部门的物价还没有上涨，供求关系没有变化，这时他们手中的货币能够保持较强的购买力，从而及时得到其他部门所生产的实际资源；而越晚得到，甚至没有得到新增货币的群体将承受因经济流通中货币增加所带来的通货膨胀的痛苦，这时他们用手中同等数量的货币将享受不到较早得到新增货币的群体之前所已经得到的商品和劳务，在这一过程中财富从一个群体转移到另一群体，结果是经济体系中财富与收入的重新分布。这就是奥地利学派代表人物米塞斯所描述的"货币非中性"。[①] 主流经济学并非没有意识到货币对社会财富所具有的"分配效应"，只是认为这不是它的研究对象。[②]

通过对货币发行权的控制，政府不仅增强了自身的财政实力，并且能够决定和影响整个社会资金投放的方向、融资的成本和战略性物资的价格。也就说货币本身具备配置各种资源的能力，这样一种分配财富的权力政府绝对不会允许其落入旁人之手，无论是一国内部关于货币政策的争论还是国际上各国对国际货币体系安排的巨大分歧，其根源大都在于货币的分配效应。

再次，对于货币的本质，主流经济学认为是"交易的媒介"，货币让

---

① 〔奥〕路德维希·冯·米塞斯：《货币非中性》，见《货币、方法与市场过程》，戴忠玉、刘亚平译，新星出版社2007年版，第78—79页。

② Jonathan Kirshner, "The Study of Money", in *World Politics*, Vol. 52, No. 3, 2000, p. 426.

第一章 导 论

人类摆脱了以货易货这种原始贸易方式给社会经济发展所带来的束缚，使得各种价值可以更为自由地在不同空间和时间进行交换。这让更大规模和范围的劳动分工成为可能，进而生产效率得到提高，市场的规模也随之扩大，而这又进一步刺激了分工朝更为专业化方向的发展，如此循环往复，越来越多的社会财富源源不断地被创造出来，货币所体现的是一种不同商品持有人之间公平交换的关系。但是当我们把观察货币的视角从商品交易者之间转移到货币的发行者与持有者之间时会发现，在现代社会的纸币本位下，货币体现的实际上是一种债权关系，每一张钞票都是货币发行者对持有者的负债（更通俗地说就是发行者向持有者开具的欠条），当货币从发行者手中转移到持有者手中时，意味着货币发行者从持有者那里"借到"了一定量的商品和劳务等实际资源的使用权，并承诺持有者可以用这些货币来清偿与发行者之间的债务（缴税），或者将来某一天重新从发行者那里拿回这些实际资源。但是这种债权关系的双方是处于一种相互不平等的位置上，货币的发行者——政府掌握着国家机器，并且垄断货币发行权，而每一个持有者只能被动地使用货币，货币发行者的这种优势地位使其可以非常容易地"赖账"（以通货膨胀的方式降低货币的实际购买力）；另一方面，由于相互交易的需要，大量的货币实际上在持有者之间循环往复地流动充当交易的媒介，而永远不会再回流至发行者，不可能再向发行者索取货币背后所代表的实际资源，所以发行者可以放心大胆地使用那些"借来"的商品和劳务，而不用考虑"归还"的问题。

正是因为货币所具有的这种强大的资源再配置与财富再分配的能力，铸币权成为了任何政府都要尽全力去争夺和垄断的权力，货币的政治属性是与生俱来的。所以，从政治经济学的角度看，货币起源于国家，货币的背后是国家财政。国家间的贸易往来让货币的政治属性自然地扩展到全球层面：哪个国家发行的货币承担了各国在国际经济活动所必需的交易中介、价值尺度和价值贮藏等职能，那就意味着这个国家可以对全球征税，调动全球资源和财富来充实自己的财政能力。由此，政治经济学视野下的货币国际化不再仅仅是一个私人部门的市场主体追求交易便利化，规避市场风险的自由选择过程，而是主权国家对本国货币国际地位的激烈角逐与争夺。

（二）政治经济学视野下的货币国际化

随着国际贸易的兴起，单个国家间的封闭状态被打破，商品、劳务以及其他生产要素不仅仅只在一国政治疆域之内流动，而是跨越了民族国家的地理疆界，在不同国家间流动和实现资源的重新配置。国家间贸易的兴起让一个现实问题必须得到解决：用哪一种货币来清偿这些来自不同国家的商人之间的交易？因为不可能来自两个不同国家的两个交易者之间各自用自己国家的货币完成交易，而只能用一种货币作为标准。由此，"一个国家，一种货币"的局面不复存在，民族国家的货币随着贸易流开始在全球经济舞台上"同场竞技"，不同国家的货币开始在不同国家使用，一种"无政府状态"、原始的国际货币体系逐渐形成。而伴随着民族国家间日趋激烈的竞争，一国政治疆域之内政府对铸币权的争夺与垄断，其背后所体现的逻辑会很自然地扩展到全球层面。

在国际货币体系中，国际货币的发行国和持有国同样是一种不平等的债权关系，它为发行国占有他国财富提供了一种隐性的制度安排，而并非仅仅是一种基于自愿和效率原则所发展出的一种国际支付体系，所以国际货币关系中永远存在着国家间的权力争夺。一个国家的货币如果跨越本国的疆界越来越多地被其他国家所持有，意味着这个国家能够以低廉的成本"借入"其他国家的实际资源，这种债权看似平等，是一个国家自愿的选择，但实际上由于许多国家自己的货币在国际贸易中不被交易伙伴所接受，剩下的几乎唯一的选择就是出借本国的商品和服务给

第一章 导 论

国际货币的发行国,换回由发行国开具的能够用于国际支付的"欠条"(国际货币)。比如目前大约有 5000 亿美元现钞在美国本土之外流通,这些美元现钞中的大部分将"沉没"在美国境外,这意味着美国可以"无偿"地占有这 5000 亿美元所代表的商品和劳务。但这并非没有风险,在国际层面,发行国和持有国都是独立的主权国家,不同于在一国内部货币发行者和持有者是政府和个人这对不对等的主体,一旦这种债权关系的不合理达到一定程度,并且不能通过谈判进行调整,很容易引发国家间的激烈冲突。而这种冲突则为另一国货币崛起成为国际货币,甚至是一个新的全球货币制度安排的出现提供了契机和动力。

货币国际化就是一个主权国家的货币跨越了民族国家的政治疆域,在其他国家和地区流通并履行货币的各种职能,这样的货币也被称之为"国际货币"或者"储备货币"。科恩(Benjamin Cohen)较早地定义了国际货币,认为当一国货币所承担的三种基本职能——交易中介、价值尺度和价值贮藏——扩展到了国际层面时,其也就从国内货币转变成了国际货币,同时也区分了国际货币在官方和私人部门使用时所发挥的不同作用。[①] 克鲁格曼(Paul Krugman)在科恩分析的基础上进一步明确了国际货币的六种主要角色(表 1-1)。[②]

表 1-1 国际货币的使用

	私人部门使用	官方部分使用
交易中介	国际贸易和金融交易中的支付手段	干预外汇市场的货币工具
价值尺度	国际贸易和金融交易中商品和资产的计价	确定本国汇率平价
价值储藏	持有的各类金融资产	外汇储备

---

① Benjamin Cohen, *The Future of Sterling as an International Currency*, Macmillan Press, 1971, pp. 13 – 23.
② Paul R. Krugman, *The International Role of the Dollar: Theory and Prospect*, NBER, 1984, p. 263.

德国马克的崛起——货币国际化的政治经济学分析
The Rise of Deutsche Mark—The Political Economy Analysis on Currency Internationalization

主流经济学虽然没有完全否认国家在货币国际化进程中的推动作用，但基本上认为可供国家政策发挥的空间很有限，国家的角色主要是辅助性地降低形成一个开放的国内金融市场所需要的成本，过多地介入反而会适得其反。① 主流经济学视野下的货币国际化是一个以效率原则为主导，在全球开放的宏观经济发展背景下，不同国家货币在国际金融与贸易市场上受供求关系决定，进而通过市场竞争逐步走向均衡（不同国家货币的使用在各类国际交易中所占份额保持稳定状态）的一个过程，货币国际化的动力根源在于市场参与者对效率和利益的追求以及对交易风险的回避；② 而政治经济学则更为强调货币国际化是一个对国家间财富分配格局进行重建的动态过程，货币国际化的背后是不同国家在全球政治、经济乃至军事舞台上所开展的激烈竞争，由各国货币竞争而最终形成的国际货币体系实质上是一种金字塔式的全球性资源与财富分配机制，处于塔尖的国际货币发行国因其在这一全球性分配制度中的主导地位而获得了安德鲁（David M. Andrews）所提出的"国际货币权力"（International Monetary Power）：一种国家因为在与其他国家的货币关系中居于优势地位而具有的影响他国行为的能力。③ 货币国际化的过程是各国对"国际货币权力"的竞争、限制和占有的过程，首先是一种政治现象。

这种权力的存在主要来源于国家间经济往来中的一个客观事实，这也是导致全球化背景下国家间经济关系时常遭受痛苦震荡的关键原因：只要开放的国际经济的运行仍建立在以不同民族国家为基本经济单位的

---

① Hans Genberg, "Currency Internationalisation: Analytical and Policy Issues", HKIMR Working Paper, No. 31, 2009, pp. 8 – 9.

② Prakash Kannan, "On the Welfare Benefits of an International Currency", IMF Working Paper, WP/07/49, March 2007.

③ David M. Andrews, "Monetary Power and Monetary Statecraft", in David M. Andrews (eds.), *International Monetary Power*, Cornell University Press, 2006, p. 8.

第一章 导 论

基础上，任何国家都可能会面临这样一种约束：其对世界其他国家的出口所获取的收入不足以抵偿其从其他国家进口商品和劳务而必须进行的对外支付。[①] 这也就是经济学中经常提到的国际经济失衡和国际收支调节问题，科恩（Benjamin Cohen）将国际收支调节定义为"在相对价格、收入和汇率发生变化的影响下，生产性资源、商品和劳务的一个边际再分配过程"，如果一个国家不同其他任何国家发生经济往来，是不会产生国际收支问题的，所以国际收支调节肯定是一个发生在国家间的共同过程，只有国家间价格水平和货币收入的相对变化足够充分，才能引起资源的跨国再分配，国际收支调节才能进行。[②] 但问题的关键在于，每个国家对于自身价格和收入水平变化的态度和应对能力不同：有的主动适应，有的竭力阻止；有的无力抗拒只能被动接受，而有的"内功深厚"可以岿然不动。在这种情况下，国际收支调节在很多时候单靠市场的推动和压力无法及时和有效地完成，而是需要国家间的相互博弈与讨价还价。所以，国际收支调节虽然是一个国家间的互动过程，但是调节的成本却并不总是由所有国家共同承担的[③]，这是政治经济学对国际收支调节的核心观点。伯格斯坦（C. Fred Bergsten）将调节国际收支失衡的政策选择归纳为四种（表1-2）[④]：

[①] Harold James, *International Monetary Cooperation Since Bretton Woods*, Internatinoal Monetary Fund and Oxford University Press, 1996, p. 3.

[②] Benjamin J. Cohen, *Adjustment Cost and the Distribution of New Reserves*, Princeton Studies in International Finance No. 18, International Finance Section, Princeton Universtiy, 1966, pp. 3 – 4.

[③] Benjamin J. Cohen, *Adjustment Cost and the Distribution of New Reserves*, p. 5.

[④] 本表格由笔者参考伯格斯坦的归纳自行绘制，参见 C. Fred Bersten, *The Dilemmas of the Dollar*, New York University Press, 1975, pp. 12 – 13。

表1-2 调节国际收支失衡的政策选择

	顺差国	逆差国	调整类型
融资（Financing）	积累外汇 信用扩张	借贷 动用储备	名义调节
改变宏观经济政策	刺激内需 促进增长 提高居民收入	抑制内需 紧缩货币供应 提高利率	真实调节
针对特定交易的选择性政策组合	拆除进口贸易壁垒 资本输出 对外援助 提高出口税率	设置贸易壁垒 缩减政府开支 限制资本流出 吸引资本流入	
改变汇率	本币升值	本币贬值	

但是任何一种调节方式都是有代价甚至是充满"痛苦"的，比如顺差国可能不愿意进一步通过扩张国内经济和刺激国内需求来削减外贸盈余，因为这可能导致通货膨胀，而逆差国则不愿通过抑制国内需求或者提高利率来减少对外逆差，因为这将造成国内失业率的攀升。此外，因为担心本国出口产业在国际市场上竞争力受损和增加国内失业的风险，顺差国往往不愿以本币升值的方式来恢复国际收支平衡，而逆差国则可能因为害怕实际国民收入受到损失和国内出现通货膨胀风险，也对通过本币贬值来进行调节的做法会非常抗拒。所以说每一种对国际收支失衡进行真实调节的政策选择都会产生一种国民收入的再分配效应，会损害国内某些阶层或者某些领域从业者的福利，因而任何一种主动调节措施在政府政治层面都是不受欢迎并且会遭遇到强大的国内阻力，很自然，每一个国家都倾向于让其他国家"主动调节"，而自己"避免"或"推迟"调节。所以说，谁需要调节？调节成本如何由谁承担？何时以及采用哪一种调节方式？这些问题关乎每个

第一章 导 论

国家的现实利益，这里的关键就是每个国家在国际货币体系中所处的地位，因为国际货币与国际收支失衡调节具有相互替代作用，至少在短期内是如此。国际货币是各国在相互交易中普遍认可和接受的清偿手段（International liquidity），一国拥有的国际货币越多，它就越不需要主动调节自身的国际收支失衡问题，因为它可以利用所掌握的国际货币为本国的逆差融资（Financing）；反之，一个国家如果总是愿意付出调节成本，主动使本国经济一直处于国际收支平衡的理想状态，那么这个国家对国际货币的需求就会很少①，但在现实中这样的情况极少发生，大多数国家都不愿承担主动调节国际收支失衡的成本和负担，所以尽可能多地拥有国际货币或者拥有安全、充足和可持续的国际货币供应渠道就成为了大多数国家特别是大国的理性选择与合乎逻辑的目标。而使本国货币国际化，成为国际货币发行国，从而在国际交易中拥有近乎无限的清偿手段，则是实现这一目标的最高境界。因此，国际货币权力的核心就是一个国家不仅可以在宏观层面更加灵活和自由地应对自身的国际收支调节问题，同时也可以影响甚至决定其他国家进行国际收支调节的政策实施、时机选择和成本收益，进而也可以在微观层面对国内和国外的经济个体的行为和偏好具有影响力。安德鲁（David M. Andrews）和赫莱纳（Eric Helleiner）对国际货币权力的具体表现形式与机制进行了分类总结（如表1-3所示）。②

---

① 本表格由笔者参考伯格斯坦的归纳自行绘制，参见 C. Fred Bersten, *The Dilemmas of the Dollar*, New York University Press, 1975, p. 13。

② David M. Andrews, "Monetary Power and Monetary Statecraft", in David M. Andrews (eds.), *International Monetary Power*, Cornell University Press, 2006, p. 12; Eric Helleiner, "Below the State: Micro-Level Monetary Power", in David M. Andrews (eds.), *International Monetary Power*, Cornell University Press, 2006, p. 84.

表1-3 国际货币权力的表现形式与实施机制

	国际货币权力的表现形式	机制
宏观层面	汲取财富	征收国际铸币税 本币的升值和贬值
	保持本国宏观经济政策的独立性	对全球资本市场的控制力 汇率工具的使用
	推迟国际收支失衡的调节	发行、吸引或者借入储备货币
	转移国际收支失衡的调节成本	与其他国家建立共同调节机制,使其他国家分担调节成本
微观层面	影响其他国家的金融监管	使用某一国际货币的金融市场的运行和监管规则
	影响国际金融危机的应对	作为最后贷款人
	重塑经济地理	改变与其他经济体之间的交易成本
	认同的形成	国际货币的象征意义 在使用某一国际货币的国家中建立共同的"经济语言"、相互信任、集体的货币协调关系和一种基于货币稳定的共同利益

正是因为国际货币的权力属性,国际货币发行国往往会制定出"国家货币战略"(Monetary Statecraft)[①],有目的地利用国际货币权力来实现国家利益,特别是在对外政策领域。1956年苏伊士运河危机期间,美国就是利用其在国际货币体系中的优势地位,抓住当时英镑危机爆发的有利时机,成功地迫使英国停火和撤军,这一事件已经成为了国际货币权

---

① 关于 Monetary Statecraft 的定义和内涵,参考 David M. Andrews, "Monetary Power and Monetary Statecraft", in David M. Andrews (eds.), *International Monetary Power*, Cornell University Press, 2006, pp. 16-27;斯泰尔和利坦还提出了"Financial Statecraft"的概念,这一概念特别强调国家通过对全球资本流动的控制力来实现对外政策的目标,相关内容可参考:〔美〕本·斯泰尔、罗伯特·E.利坦:《金融国策——美国对外政策中的金融武器》,黄金老、刘伟、曾超译,东北财经大学出版社2008年版。

第一章 导 论

力具体运用的经典案例。① 所以，在现实的国际政治经济舞台上一方面是一些国家尽力推动和保持本国货币的国际化，以期最大限度地获取国际货币权力；而另一方面其他一些国家又通过各种方式来努力抵制这种国际货币权力的过度扩张。正是从这个意义上讲，国家间冲突和博弈成为了货币国际化的重要推动力量，国家特别是大国成为了国际货币体系的主要塑造者。早在1971年，斯特兰奇（Susan Strange）就倡导要发展出一种"国际货币的政治学理论"，因为政府的外交行为和国际关系政策在

---

① 埃及于1956年7月26日宣布将苏伊士运河国有化，这一事件发生在"二战"后第三世界国家普遍兴起的反对西方殖民主义的大潮中，埃及的单方面行动以"反对殖民主义"为旗帜，无疑占据了道德制高点，具有某种"政治正确性"。但英国被埃及的行为彻底激怒了，一方面因为当时英国是苏伊士运河管理公司最大的股东，拥有44%的份额；更为重要的是，在1955年全世界需要通过苏伊士运河航行的14666艘船只中，有1/3归英国所有。苏伊士也是当时中东石油运往西欧的航线中最重要的一环，拥有苏伊士运河的实际控制权是大英帝国保持全球影响力的重要象征。所以，英国联合法国于1956年10月31日发动了对埃及的战争。由于双方实力悬殊，胜败本不难预期，但是战争的结果却出人意料，仅仅持续一个星期，英法联军被迫停战、撤退，以英国最终失去了对苏伊士运河的实际控制权而结束。英国的失败不在于其"坚船利炮"的威力不够大，也不在于埃及因"反对殖民主义"变成了战争中的"正义"一方而最终获胜；美国将实现苏伊士运河的"去英国化"视为其国家利益，进而"静悄悄"地发动了一场针对英国的"货币战争"，最终成功地将英国的势力挤出了苏伊士运河。英国原本指望美国至少能够保持"中立"，没想到美国完全反对英国以战争为手段夺取运河控制权，美国不仅诉诸联合国，通过了要求英法停火撤军的协议，并且开始动用"货币武器"。1956年11月5日，美国财政部长乔治·汉弗莱（George Humphrey）指令美联储纽约分行开始抛售英镑，这导致英国本来就不充足的外汇储备急剧减少，出现了国际收支危机。当英国掌玺大臣拉博·巴特勒（Rab Butler）打电话向汉弗莱寻求援助的时候，汉弗莱明确地说："如果你们不履行联合国要求停火的决议，总统不会帮助你们。"巴特勒回答说："这是勒索。"美国表示如果英国不停火，将不会向英国提供资金援助，并且还将否决英国动用其在IMF的资金份额的请求。但是如果英国答应美国的要求，美国将不仅不会否决英国动用其在IMF资金份额的请求，还会额外援助英国5亿进出口信贷资金。英国财政部长麦克米伦无奈地向英国内阁成员表示，对英镑的操作是华盛顿精心编排过的，结果也是严重的。最后，不顾法国的严重抗议，英国决定按美国的要求在10月6日下午5点停火。关于美国在苏伊士运河危机中对国际货币权力的使用，以及国际货币权力在对外政策中的具体应用，可以参考Jonathan Kirshner, *Currency and Coercion: The Political Economy of International Monetary Power*, Princeton University Press, 1995。

未来会越来越多地关注金融与货币事务。① 所以，持政治经济学视角的学者一般都不会把货币国际化单纯地看作是一个市场过程，而是更为强调货币国际化与背后的国家权力和货币势力范围的扩张与反扩张紧密联系的一面。英格汉姆（Geoffrey Ingham）使用"货币空间"（Monetary Space）的概念来描述货币的流通，他认为广阔的"货币空间"的建立需要独立于任何汇兑交易网络之外的社会和政治关系，跨越时间和空间的货币关系的扩张需要非人格化的信任和合法性，历史上这一工作是由国家来完成的。② 张宇燕扩展了哈耶克所提出的货币"流通域"（Sphere of Circulation）的概念，认为"流通域"的存在导致全球统一的货币市场被分割，主权国家之间的货币争夺也由此埋下了伏笔。而借助"流通域"的概念，哈耶克实际上表达了国际金融的根本问题是主权国家对货币流通域的争夺和对货币权力的竞争。③ 类似地，科恩（Benjamin Cohen）提出了"货币地理"（The Geography of Money）的概念，认为决定"货币地理"大小的并不是一国货币被用于各种交易的物理意义上说的实际使用范围，而是这一货币能够直接或者间接地发挥影响力的范围，"货币地理"可能大于也可能小于特定货币的实际使用范围，其具体的分布与构造源于不同货币之间此消彼长的对势力范围的争夺。"货币地理"这一概念提出的依据在于现实中由各国货币组成的货币世界是一个充满竞争的等级体系，货币关系中事实存在的治理结构和权力机制是研究中所不能忽视的。④

---

① Susan Strange, "The Poltics of International Currencies", in *World Politics*, Vol. 23, No. 2, Jan. 1971, pp. 215 – 216.

② Geoffrey Ingham, *The Nature of Money*, Polity Press, 2004, p. 187.

③ 张宇燕、张静春：《货币的性质与人民币的未来选择——兼论亚洲货币合作》，载《当代亚太》，2008年第2期，第20—21页。

④ Benjamin J. Cohen, *The Geography of Money*, Cornell University Press, pp. 23 – 24.

第一章 导 论

（三）国际货币体系演变进程中的"有形之手"

凯恩斯在其1919年的著作《和平的经济后果》中有一句被广泛引用的名言：颠覆现存社会基础最精妙、最可靠的办法，莫过于摧毁它的货币。这一过程调动了经济规律中所有具备破坏性的隐藏力量，并且以一种百万人之中也难有一人能识别出的方式进行。[①] 也就是说货币是一种潜在的政治力量，一种权力，并且蕴藏的破坏性极大，通过持有、借出和转移货币可以达到自利的目的。[②] 而凡是权力存在的地方，政治逻辑就永远起作用。一国货币的国际化必然导致原有国际货币体系的变革。换句话说，不同国家货币的国际地位的此消彼长成为了国际货币体系演变的直接推动力，而货币国际化进程中固有的权力特征也让国际货币体系的变革始终成为大国博弈的焦点，大国货币国际化的进程总是伴随着国际货币体系的动荡与重建，其中心问题也就在于收入和政治权力在国家间和一国内部的分配，对于调节国际收支和安排国际储备有许多技术上可行的解决方案，但是不同的解决方案对不同的国家以及一国内部不同的群体有着完全不同的影响[③]，利益的分配才是当今国际货币体系改革之所以充满争议和阻力并且举步维艰的根本原因。因此，货币首先是一个政治问题，然后才是经济问题。

按照通行的标准定义，国际货币体系就是指在跨越国家疆界的交易活动中，为支付和收款所形成的一系列协定、规则、惯例和制度安排。

---

① John Maynard Keynes, *The Economic Consequences of the Peace*, London, Macmillan and Co. Limited, 1919, p. 220.

② Jonathan Kirshner, "Money is Politics", in *Review of International Political Economy*, Vol. 10, No. 4, Nov. 2003, p. 646.

③ C. Fred Bergsten, *The Dilemmas of The Dollar: The Economics and Politics of United States International Monetary Policy*, New York Universty Press, Council on Foreign Relations, 1975, p. 6.

一般都要包含三个方面的内容。① 第一，如何安排不同货币之间的汇率。第二，国际收支失衡如何调节。第三，国际货币（储备货币）的确定。看到这个定义，许多非金融领域的人士可能会认为国际货币体系好像是一个非常遥不可及和复杂庞大的问题，其实并非这样，国际货币体系与我们的日常生活息息相关。不同地区和国家的人们如果进行交易活动，他们首先需要解决的问题就是：所交易的商品值多少钱？这个价格是用买家的货币还是卖家货币，抑或是其他第三种货币来标的？如果买家手头没有卖家所要求的货币，那么买家该怎么办？如果卖家收到的货币不能在本国境内流通，那么卖家又该如何处理这些货币呢？随着国际间经济活动的频繁，类似的问题不断地大量涌现，国际货币体系就是在解决这些不同国家居民在经济活动中相互支付的问题上逐步发展起来的，其中最为根本和核心的问题就是：国际贸易中用哪一种货币进行结算？这些货币如何获得？被确定为国际贸易支付手段的货币就是国际货币。对于个人而言，能够尽可能多并且便利地获得国际货币意味着自己的经济活动可以在国门之外持续扩展，分享他国文明的发展成果，随之而来的就是自身福利的不断提高。推而广之，一个国家整体上获得国际货币的数量越多，也就意味着这个国家从外部世界汲取实际资源的能力就越强，就越能在国际竞争中处于优势地位。所以任何国家都会倾向于无限制地占有国际货币（用金融术语讲就是获取无限的国际流动性），那么最好的办法就是干脆将自己国家的货币变成国际货币，这在现实世界中就表现为国家都会竭力扩展本国货币的适用范围，也就是"流通域"，各国货币竞相角逐"流通域"的过程就叫作"国际货币体系的演变"；而所谓

---

① Rober Solomon, *The International Monetary System, 1945–1976: An Insider's View*, New York, Harper & Row Publishers, 1977, pp. 5–6.

第一章 导 论

"货币战争",在最本质的意义上就是各国对本国货币"流通域"的争夺。①

那么,货币"流通域"的扩张是单纯依靠市场的力量,还是需要国家权力的主动介入?常见的观点认为一种货币成为国际货币是市场自发选择的结果,因为币值稳定、信誉好的货币自然受人青睐,欧洲中央银行是这种观点的典型代表。在谈到欧元的国际时,他们认为,地位其中主要的经济因素在于低通胀率、开放的市场和发达的金融体系。基于此,欧盟对欧元的国际化保持中立,既不主动推进也不刻意阻止。② 但实际上欧盟对欧元"国际化"的态度并不消极,比如欧洲央行在2002年欧元现钞进入流通领域时发行了500元的大额钞票,但在实际生活中,使用500元大钞是非常不便和不受欢迎的,许多欧盟国家的超市和加油站都拒收这种大钞。但根据意大利央行的一份报告,欧元大面值现钞的发行量却在逐年增加,2002年50元面值的钞票占欧元流通货币总量的34%,500元占23%;而到了2010年2月500元升至到36%,50元则下降到31%;2002年流通中的500元钞票总额为308亿欧元,而到了2010年则达到了2850亿欧元,年增长率达30%。为什么这么一种在正常交易中很少被使用的大额钞票的规模和发行量增长如此之快?谁在使用它?欧洲央行发行它的目的是什么?其实500欧元大钞的需求方分两类,一是游离于各国政权体制之外、基于现金交易的全球"地下经济"(毒品交易、走私等),500元和200元欧元现钞是全球犯罪经济中最受欢迎的币种;二是金融系统脆弱或者社会动荡的中小发展中国家。发行500元大钞不仅使欧盟获得了可观的铸币税收入,这同时也成为了欧元"曲线国际化"的

---

① 关于"货币流通域"的概念和内涵,参见张宇燕、张静春:《货币的性质与人民币的未来选择——兼论亚洲货币合作》,载《当代亚太》,2008年第2期,第20页。
② Jean-Claude Trichet, Speech at the "Schierensee Gespraeche", European Central Bank, 14 May, 2004.

德国马克的崛起——货币国际化的政治经济学分析
The Rise of Deutsche Mark—The Political Economy Analysis on Currency Internationalization

重要途径。① 在欧洲央行决定发行200元和500元的大额现钞时,当时的美联储立即作出反应,曾经一度决定也要发行500元的美元现钞与之抗衡,以保护美国在海外的铸币税收入。② 所以说,政治推动力在货币国际化的过程中一直都在其中扮演着重要角色,并非仅仅是一个市场的过程。

有学者认为国际货币体系并非只能容纳一种主导货币,未来欧元和人民币都可能成为全球储备货币,但这并不代表现有国际货币美元的衰落,而只是意味着美元有了竞争对手。未来真正决定美元命运的有三个因素:市场的选择、地缘政治和美国人自己。只要美国能够下决心削减赤字,避免经济决策的失误,那么除了美国人自己无人能撼动美元。③ 这个结论显然过于乐观了,低估了政治对货币国际化的作用,政治在这里可以从两种渠道施加影响④,第一种是间接的,比如国际格局的变化和国内政治、军事体制的变迁。战后美元国际地位的维持很大程度上得益于当时世界主要经济体,同时也是美国的盟友——西欧和日本——的通力合作,所以在布雷顿森林体系崩溃后签订的《史密斯协定》和1980年代的《广场协议》中,美国的利益和意图基本上都能够得到贯彻。在当时冷战的背景下,因为对美国所提供的安全保证高度依赖,历次美元危机中西欧国家和日本除了牺牲自己的经济利益,维护以美元为中心的国际货币体系的稳定外,并无其他太多的选择。随着冷战的结束,美国的传统盟友特别是欧盟国家对美国的安全依赖明显降低,同时欧盟政治一体化取得了显著的进步,这在欧债危机和在最近中东北非发生的政治动荡

---

① 赵柯:《中欧在国际货币体系改革中能否合作?》,载《现代国际关系》,2011年第3期。
② Cohen, Benjamin J., "The Euro and Transatlantic Relations", in Thomas L. Ilgen (eds.), *Hard Power Soft Power and the Future of Transatlantic Relations*, Ashgate, 2006, p. 83.
③ Barry Eichengreen, *Exorbitant Privilege: The Rise and Fall of the Dollar and the Future of the International Monetary System*, Oxford University Press, 2011.
④ Eric Helleiner, "Political Determinants of International Currencies: What Future for the US Dollar?", in *Review of International Political Economy*, August 2008, pp. 354–378.

第一章 导 论

中都有体现，特别是总以"民事力量"（Civilian Power）示人的欧盟在2011年对利比亚展开的空中打击中积极主动，频频显示自己的"军事肌肉"，一改往日欧盟的力量"过软"的形象。如果暂且不论欧盟国家这种行动方式的对错与合法性问题，政治凝聚力的提高和军事力量的强化无疑有助于稳定欧元的信心。这些变化都预示着美国将来迫使其盟友全力支持美元的难度加大，效果也会大打折扣。更重要的是，以中国、巴西和印度等国家为代表的新兴经济体的集体崛起改变了世界经济格局，在国际货币体系的治理中美国、欧洲和日本不可能再像以前那样全盘主导，而美国能否在货币问题上取得这些非传统盟友的新兴大国的支持，也是一个问号。

政治发挥作用的第二种渠道是直接影响，政府可以直接通过政治力量推广本国货币，限制别国货币。在这方面比较引人注意的是俄罗斯，从2006年起俄罗斯开始了一系列的"去美元化"行动，普京在公开讲话中也高调宣布要扩大卢布在国际交易中的使用，并为此实施了一系列具体的措施，比如俄罗斯主要的证券交易市场从2006年6月开始使用卢布来交易石油期货，大型商业银行停止发放美元贷款；从2007年1月开始不再接受在俄外资企业用美元来纳税，更为重要的是，作为世界上第三大外汇储备国，俄罗斯开始大量减持美元资产。在2004年俄罗斯外汇储备中70%是美元资产，目前已经下降到一半左右，而欧元资产增加到将近40%。[①] 受制于有限的经济规模，俄罗斯的这些措施短期内并不会对美元有绝对的影响，但其长期效应不容小觑。中东则一直是"美元货币圈"的核心地带，由于石油与美元之间存在的特殊紧密联系，美国一直以来通过各种手段在中东保持美元的主导地位，严防外人染指。而欧盟虽然早已制定有"东进"和"南下"的两手战略，但是为了避免刺激美

---

① Juliet Johnson, "Forbidden Fruit: Russia's Uneasy Relationship with the US Dollar", in *Review of International Political Economy*, August 2008, pp. 388–395.

德国马克的崛起——货币国际化的政治经济学分析
The Rise of Deutsche Mark—The Political Economy Analysis on Currency Internationalization

国,虽然欧盟已经成为了中东地区国家的最大贸易伙伴,对中东的出口远超美国,欧元的扩张主要还是体现在"东进",在"南下"方面乏善可陈。但这次中东北非事件的一个可能后果就是:维持美元在中东地区主导地位的坚固防线会被打开一个口子。相较美国之前的犹豫和迟疑,以英法为代表的欧盟国家在打击利比亚的问题上充当了"急先锋"的角色,并且今后很可能派出地面军事力量。靠着"打出来"的话语权,可以预见在日后利比亚以及其他中东北非地区重建问题上,欧盟同美国讨价还价的筹码将大为增加。2011年5月26—27日,在法国小镇多维尔举行的八国峰会的主要议题之一就是对中东北非国家的援助,其中一个重要的细节就是,八国集团的援助行动将通过国际机构实施,除了IMF和世界银行外,欧洲投资银行和欧洲复兴开发银行名列其中。① 可以想象,重建工作启动后欧元在中东的扩张是不可避免的,问题只在于美国能够容忍的程度是多少。从历史经验来看,大规模的对外援助是货币扩张最为有效的有段之一。

美元兴起的历史为我们观察货币的政治逻辑提供了一个典型的案例。当1620年第一批欧洲殖民者抵达今天美国的马萨诸塞州普利茅斯镇并定居下来时,他们碰到的一个首要问题是:大家互通有无彼此交换物品时选择何种货币?由于这批移民并非富人,没有从欧洲大陆的母国带来大量可供流通的货币,于是实物货币就成了一个现实的选择。之后许多地方政府允许居民用玉米或者烟草来缴税,并且规定这些实物货币不仅可以用于公共支付,也可以用于私人交换。当时马萨诸塞规定玉米为法定货币,康涅狄格为小麦,弗吉尼亚为烟草。②

---

① 华尔街日报中文网,http://cn.wsj.com/gb/20110530/beu085400.asp(最后访问时间:2011年6月2日)。

② Barry Eichengreen, *Exorbitant Privilege: The Rise and Fall of the Dollar and the Future of the International Monetary System*, Oxford University Press, 2011, p.10.

第一章 导 论

但是随着北美殖民地人口的增多和经济的发展，实物货币在履行计价单位、支付手段和价值储藏的功能时越来越不能满足现实的需求，建立殖民地自己的造币厂发行货币势在必行。但当时英国不允许殖民地开办自己的造币厂，而是要求殖民地用实物商品从英国进口货币，以此来解决殖民地的货币供应问题。[1] 这对英国而言是一笔相当划算的交易，但对殖民地来说这种货币制度的安排是相当不对称的。英国仅需花费少量的铸币费用就可以享有殖民地提供的大量实际资源（农产品、工业产品以及劳务），因为殖民地没有铸币权，需要使用英国的货币用于自己内部的日常交易，所以这些从英国进口的货币大多将会永久地"沉没"在殖民地，英国不必担心这些出口到殖民地的货币会回流到英国换取英国的实际资源，只要这种货币安排一直存在，英国就可以源源不断地以少量的铸币成本享受殖民地经济发展的成果。当时英国在殖民地的总督也允许殖民地的公共储蓄机构发行一些信用券来作为铸币的补充进入市场流通，但英国议会在1751年禁止殖民地发行这些信用券，这引起了殖民地的强烈不满，1766年本杰明·富兰克林曾作为殖民地代表到英国议会作证，反对此项禁令，他把主要用纸币的提案亲自递交给下议院，但却没有结果。通过此项禁令限制北美殖民地的货币权力，成为了英国和殖民地之间关系紧张的重要根源。[2] 对于北美殖民地而言反对伦敦的动力不仅仅来自"无代表权不纳税"，"无代表权无（义务遵守英国的）货币政策"扮演着同等重要的角色。[3]

通过独立战争北美殖民地从英国人手中收回了货币权，但货币的发

---

[1] Barry Eichengreen, *Exorbitant Privilege: The Rise and Fall of the Dollar and the Future of the International Monetary System*, Oxford University Press, 2011.

[2] 〔美〕约翰·肯尼斯·加尔布雷斯：《货币简史》，苏世军、苏京京译，上海财经大学出版社2010年版，第41页。

[3] Henry L. Bretton, *The Power of Money: A Plitical-Economic Analysis with Special Emphasis on the American Political System*, State University of New York Press, Albany, 1980, p. 29.

行并未统一于联邦政府，各州都可以发行自己的货币，当时的美国仅仅是一个由十三个州组成的松散联邦。时任财政部长汉密尔顿主张加强联邦政府，将十三个州更紧密地联系起来，他将统一的货币看作是一种有效的黏合剂，于1791年1月向国会提交了关于建立铸币厂的报告，1792年国会在此报告的基础上制定通过了《铸币法案》，自此，美国才有了统一的货币。

独立后的美国经过领土扩张和工业革命，经济发展迅速，在1914年第一次世界大战前夕美国已经是世界第一大经济体，但这时美元在国际货币体系中的角色却几乎可以忽略不计，当时各国政府和中央银行的外汇储备中一半是英镑，同时不仅仅法国法郎、德国马克和瑞士法郎，就连意大利里拉、比利时法郎和奥地利先令在世界官方外汇储备中的比例也高于美元。但是到了1924年，美元在各国政府和中央银行外汇储备中的比例就已经超过了英镑，而国际金融市场上发行的以美元计价的各种商业融资票据则是英镑的两倍。[①] 短短十年，美元的国际地位实现了从零到超越的巨大转变。第一次世界大战和1914年美联储的建立是推动这一进程的重要力量，前者大大动摇了以英镑为中心的国际货币体系和伦敦作为世界金融中心的地位，而为了避免出现类似1907年的金融危机而建立的美联储一方面积极采取措施保持国内金融货币秩序的稳定，同时又不失时机地主动出击建立本土商业票据市场，利用美国强大的经济实力采取各种措施吸引欧洲各国政府和私人机构到美国融资，为美国金融机构发行以美元计价的各种商业票据提供支持，使美国企业能够在美国就能享受到优惠和便利的进出口信贷，而以前很多美国企业不得不到伦敦筹资。美元的国际化客观上要求一个以美元计价的庞大的商业融资票据市场的出现，以吸引众多投资者持有美元。要做

---

① Barry Eichengreen, *Exorbitant Privilege: The Rise and Fall of the Dollar and the Future of the International Monetary System*, Oxford University Press, 2011, p. 32.

第一章 导 论

到这一点仅靠市场的力量是不够的,因为当时美国的银行业还没有能力建立这样一个市场,一则成本高昂,另外如何让国内外的投资者熟悉这个市场也是一个大问题。这一问题的解决与其说是依赖市场的无形之手,倒不如说是多亏了美联储纽约分行第一任主席本杰明·斯特朗(Benjamin Strong)的有形之手,斯特朗十分欣赏英格兰银行通过商业票据市场管理信贷的做法,一心要在美国也建立一个能够与之竞争的市场,从而促进美国产业的竞争力,扩展美国的对外贸易。斯特朗的努力最终获得了整个美联储的支持,在20世纪20年代上半叶各美联储分支机构是这些商业票据商的主要交易对手,并且规模不断扩大,特别是在"一战"后的动荡年代,许多国外机构也被吸引过来,美国的商业票据市场最终超过了英国。①

美元霸权的真正确立是在"二战"之后,它的首要对手是英镑。战后英国的实力虽然受到重创,但英镑依然是重要的国际货币,其一是因为英联邦成员大量持有英镑,其二因为战争英国停止了英镑的自由兑换,英镑外汇持有者除了继续持有和使用外别无他法,他们不能自由将其兑换为黄金或其他货币。而此时英美财政部之间为了战后国际金融贸易秩序的安排正在进行紧锣密鼓的谈判,英国争取从美国获得贷款重建经济也是谈判内容之一,经济学家凯恩斯是英国的谈判代表。但正是在贷款条件问题上艾肯格林认为这位英国最伟大的经济学家犯了一个很大的错误。美国当时同意提供英国贷款,但前提条件是英国必须在1947年7月15日前实现英镑的自由兑换。凯恩斯同意了这一条件,并积极游说英国议会批准贷款协议。暂停英镑自由兑换对战后稳定英镑价值非常重要,在英国经济还没有完全复苏前如果恢复自由兑换风险极大,英镑和以英镑计价的资产的价值肯定会一落千丈,英镑很可能会崩溃,这对英国的

---

① Barry Eichengreen, *Exorbitant Privilege: The Rise and Fall of the Dollar and the Future of the International Monetary System*, Oxford University Press, 2011, pp. 28 – 30.

战后重建无疑是重大打击。果不其然，当英国如期放开英镑的自由兑换后其他国家居民迅速将所持英镑兑换为美元以购买美国产品，英国仅第一个月就损失了10亿美元的外汇储备，而当时英国所有的黄金和美元储备还不到25亿美元。英国只能暂时放弃，到了1959年英镑实现自由兑换后，英镑在外汇储备中份额还停留在1940年代的水平，而美元则增长了三倍。[①] 英镑彻底出局了。

根据战后所建立的布雷顿森林体系，美元与黄金挂钩，其他货币与美元挂钩，汇率固定，IMF来为贸易逆差国融资。从运行机制上讲，这并不意味着各个国家都要使用美元来进行交易，特别是在非美国的贸易伙伴之间。因为在这个"双挂钩"的体系内各个国家的货币都有含金量，都可以充当储备货币。但这一看似完美的机制在战后实际上无法启动，因为当时在西方国家间除了美元外，任何国家的货币都没有信用不被其国家接受，缺少用来进行国际支付的硬通货，国际贸易根本无法开展，这一时期也被称为"美元荒"（Dollar Shortage）。美国在欧洲实施的"马歇尔计划"以及援助日本的"道奇计划"使得日本和西欧国家获得了大量美元贷款和美元投资，相当于各国都拿到了一笔进行国际贸易的美元"启动资金"，自然而然各国的交易也都是以美元来完成，在国际贸易活跃起来以后，布雷顿森林体系才真正运转起来，但美国大规模对外援助计划的一个后果就是美元在国际经济活动中主导地位的确立。所以一些观察家才认为战后建立的国际货币体系不应该叫布雷顿森林体系，应该叫"马歇尔—道奇固定汇率的美元本位制"。

美元的主导地位在20世纪60年代开始受到冲击，这主要在于布雷

---

① Barry Eichengreen, *Exorbitant Privilege: The Rise and Fall of the Dollar and the Future of the International Monetary System*, Oxford University Press, 2011, pp. 39–40.

第一章 导 论

顿森林体系下的"特里芬困境"和"n-1问题"不能得到解决[①],由于约翰逊时期的"伟大社会"计划以及越战,美国的国际收支状况急剧恶化,许多国家对美元的价值能否保持稳定提出了疑问,对美国依靠美元国际储备货币地位所享有的"过分特权"愈加不满[②],戴高乐政府从1965年开始将自己大量的美元储备向美联储兑换黄金,逼迫美国减少贸易赤字,改革不对称的国际货币体系[③],但以失败告终,在整个60年代美国还是有能力维持美元国际储备货币的地位,其中一个重要的原因是来自"顺差大户"德国的支持。考虑到美元价值的不稳,德国联邦银行当时也考虑步戴高乐的后尘将美元储备兑换成黄金,但美国政府以从德国撤出美国驻军相威胁,使得处于东西方对抗桥头堡地位的德国不得不以安全问题为重,时任德国联邦银行行长布莱辛亲自向美国财政部副部长鲁萨保证德国联邦银行将不会改变储备管理政策。作为当时最大的美元储备国,德国不抛售美元资产的承诺对美元的稳定发挥了举足轻重的作用。在冷战的背景下,德国的地缘政治地位使其不得不接受"安全—

---

① "特里芬困境"是由美国耶鲁大学教授罗伯特·特里芬在1960年出版的《美元与黄金危机》一书中提出的观点,他认为任何一个国家的货币如果充当国际货币,那么一方面,随着国际贸易与国际投资规模的增加,对该国货币的需要也随之增加,这就要求该国通过国际收支逆差来实现,但这就必然会带来该货币的贬值,从而打击其作为国际货币的信心;另一方面,作为国际货币又必须要求货币币制比较稳定,维持信心,而不能持续逆差。这就使充当国际货币的国家处于左右为难的困境,这被称为"特里芬困境"。约翰·威廉森在1983年出版的《开放经济与世界经济》一书中提到,在由n个国家组成的国际货币体系中,任何n-1个国家都可以自由改变汇率,但只有一个国家,即充当国际货币角色的n国不可以改变其汇率,因为其货币币值是其他国家货币价值的基准。如果所有国家,包括发行国际货币的n国都因为自身利益而改变汇率时,将会引起相互之间的冲突。
② 这是戴高乐的经济顾问雅克·鲁夫批评美元时所用的词汇,经戴高乐引用后广为人知。
③ Michael D. Bordo, Dominique Simard, Eugene White, "France and the Bretton Woods International Monetary System: 1960 to 1968", NBER Working Paper No. 4642, February 1994.

货币"这一美德关系结构的制约。① 而美国与沙特之间关于"石油—美元"的协议是保证美元储备货币地位至今仍难以撼动的另一主因,1974年两国建立的由双方财政部长领导的"经济合作共同委员会"是保证这一协议的重要机制,通过这个委员会美国说服沙特其所生产的石油用美元计价,而美国则为沙特积累的大量石油美元重新回流到美国获取投资回报提供特殊承诺,并且给予沙特安全保证。石油这种国际大宗商品以美元计价和结算,保证了美元在世界范围内大量使用,将石油贸易紧紧捆绑在美元身上,是美国的核心利益。当 OPEC 成员国在 1975 年达成共识,将石油价格与 SDR 挂钩时,美国调动各种资源成功迫使沙特放弃该计划,作为 OPEC 最大产油国沙特的退出,无疑使将石油价格脱离美元与 SDR 挂钩的计划泡汤。但是作为回报,美国同意提高沙特在 IMF 的投票权。② 布雷顿森林体系解体后,美元摆脱了"黄金枷锁",不再担负向各储备国中央银行兑换黄金的义务,并且不再和任何贵金属、实体商品或者价值单位挂钩,美国由此可以不受制约地决定美元的发行量。由于各国对美国经济军事实力的信赖以及美元在国际经济往来中事实上的广泛应用,美元仍然扮演着国际储备货币的角色,并且享有比布雷顿森林体系下更大的霸权,真正拥有了制定全球货币政策的特权。美元霸权兴起的背后,政府这只"有形之手"始终如影相随。

(四) 国内外对马克国际化的研究现状

与文献中对货币国际化的论述主要分为主流经济学视角和政治经济学视角两大研究方向相似,通过文献回顾发现,学者对马克国际化的研

---

① Francis J. Gavin, *Gold, Dollars, and Power: The Politics of International Monetary Relations, 1958 – 1971*, The University North Carolina Press, 2004, pp. 135 – 164.

② David E. Spiro, *The Hidden Hand of American Hegemony: Petrodollar Recycling and International Markets*, Cornell University Press, 1999, pp. 80 – 102.

第一章 导 论

究也主要是在这两种视角下展开的。学术界对德国马克国际化的关注与研究开始得相对较晚,直到1991年才出现了第一篇真正意义上对马克国际化进行较为全面研究的论文,在塔弗拉斯(George S. Tavlas)的这篇论文中,他运用的是主流经济学分析范式,将马克国际化的原因归结为:低通胀率与有信誉的货币政策、1980年代中期之后对金融市场逐渐放松管制,以及德国在国际贸易中的份额,同时他也对反映德国马克国际化程度的各项指标数据进行了较为全面的整理。但是塔弗拉斯主要将注意力集中在1985—1989年这段时间马克的国际化进展,而对马克国际化从1960年代中后期的迅速启动以及之后到1980年代中期这段时间里的快速进展,塔弗拉斯没有给出合理的解释,虽然在结论部分塔弗拉斯补充说明马克持续提高的国际地位也源于欧洲的经济货币一体化进程,但遗憾的是对此他一笔带过没有进行更为深入的分析。[①] 在欧元诞生前夕的1998年,德国联邦银行组织编写出版了《德国马克50年——1948年以来的德国中央银行与货币》一书,这本厚达836页的大部头横跨了从19世纪70年代到20世纪90年代德国一百多年的货币史,但重点集中在1948—1998年这50年。本书的作者群体是来自德国、美国以及瑞士的优秀经济学家和金融史学家,同时德国联邦银行还特地向作者们开放了其仍在保密期内的大量原始档案和统计数据,从而保证了本书所具有的较高学术价值和历史价值。该书对战后德国马克从一个战败国的弱势货币发展成为拥有很高国际声誉的世界第二大储备货币的原因分析基本上遵循了主流经济学的市场逻辑,但本书没有仅仅停留在单纯的数据分析上,而是将国内的制度设计与历史逻辑纳入了分析框架,强调了作为初始条件的战后初期盟国对德国西占区的一系列政治改造和安排,以及作为中央银行的德国联邦银行在德国货币治理结构中的独特作用等因素在马克

[①] George S. Tavlas, "On the International Use of Currencies: The Case of the Duetsche Mark", in *Essays in International Finance*, No. 181, Internatioanal Finance Section, Princeton University, March 1991.

崛起背后所发挥的重要作用。① 除了详尽的内容和宏大的主题外，本书也因为提供了大量有参考价值的与战后德国货币政策有关的各类统计数据和档案资料而被认为是"货币经济学和货币史研究者的必读书目"②。但这本书基本上是把德国马克的崛起作为一个德国内部自身逻辑演变的结果，而没有把其放在一个更为广阔的国际货币竞争的背景下来理解，所以像20世纪60年代的黄金危机、70年代的全球性通货膨胀以及美元危机等对当时国际货币体系有深远影响的历史事件在本书中基本上都被轻描淡写地处理掉了。另一方面，由于本书所产生的影响力导致此后学者对德国马克的研究大多集中在德国联邦银行的独立性及其货币政策上，并将德国马克的成功也归功于此。比如由赫兹（Robert L. Hetzel）所撰写的另一篇关于德国马克发展历程的重要文献中德国联邦银行就成为了主要的分析对象。③

与经济学视角不同，关注德国马克问题的政治学家和历史学家更为强调"权力"因素。勒德尔（Peter Henning Loedel）认为在德国的政治体制下货币政策的制定来源于两个权力中心：联邦银行和联邦政府。虽然联邦银行杰出的货币管理能力在世界上享有盛誉，但在货币事务的决策上并没有完全占据主导地位，两个货币权力中心之间不同的理念、偏好、利益和政策手段的互动和碰撞最终决定货币政策的制定。④ 格雷

---

① Deutsche Bundesbank (ed.), *Fifty Years of the Deutsche Mark: Central Bank and the Currency in Germany since 1948*, Oxford University Press, 1999.
② Forrest Capie and Geoffrey Wood, "The Birth, Life and Demise of a Currency: 50 Years of the Deutsche Mark", in *Economic Journal*, Vol. 111, Issue 472, 2001, p. 461.
③ Robert L. Hetzel, "German Monetary History in the Second Half of the Twentieth Century: From the Deutsche Mark to the Euro", in Federal Reserve Bank of Richmond *Economic Quarterly*, Volume 88/2, Spring 2002, pp. 29–64.
④ Peter Hemming Loedel, *Duetsche Mark Politics: German in the European Monetary System*, Lynne Rienner Publishers, 1999.

第一章 导 论

（William Glenn Gray）通过对 1960 年代后期的相关档案资料分析观察到，德国马克是在 1968 年末到 1969 年初这短短的几个月中"突然崛起"（sudden rise）的，当时外汇市场对德国马克的疯狂追捧甚至迫使德国临时关闭外汇交易市场，而这一现象无法从正常的市场供求关系中得到解释，而与当时的国内和国际政治环境密切相连。[①] 关于对马克国际化起到至关重要推动作用的欧洲货币体系的建立和起源，戴尔（Edmund Dell）认为是由于当时德国施密特政府为回击美国不负责任的货币政策和不断强加给德国的不合理要求，而最终下决心走欧洲货币合作之路。[②] 显然，政治学家和历史学家对马克国际化的考察在视角上不同于经济学家，更为突出权力之间的博弈，但其相关研究是剪影式和碎片化的，缺乏对德国马克国际化进程的全景式研究，从而使人无法从这些文献中对于马克国际化的动力、机制和进程有一个清晰、全面的理解和认识。

2000 年以来，随着中国外贸盈余的不断增加，人民币一直面临升值的压力，而 2007 年全球金融危机的爆发也使得之前主要作为学术探讨议题的人民币国际化，也快速地进入到了国家政策的实际操作层面。在这种背景下，中国学者对德国马克国际化的关注和研究兴趣也开始增加，其侧重点在德国货币政策的经验对中国的启示上。张斌与何帆研究了德国 1960—1990 年代应对货币升值压力的政策选择[③]，丁一凡认为 20 世纪 70 年代是个通货膨胀的时代，当时的西德政府就坚持把保持货币坚挺从而控制通货膨胀当作宏观政策的首要任务。结果，西德马克对美元的汇率不断升值，但西德的通货膨胀率却在西方国家中最低。几年下来，西

[①] William Glenn Gray, "Number One in Europe: The Startling Emergence of the Deutsche Mark, 1968–1969", in *Central European History*, Vol. 39, 2006, pp. 56–78.

[②] Edmund Dell, "Britain and the Origins of the European Monetary System", in *Contemporary*, Vol. 3, No. 1, 1994, pp. 1–60.

[③] 张斌、何帆：《如何应对经济崛起时期的汇率升值压力——日本、德国的经验与启示》，载《国际经济评论》，2004 年第 5—6 期，第 10—13 页。

欧国家都选择了把自己的货币汇率绑定在西德马克上，西德马克无意中成为西欧货币的核心①，这为马克的国际化奠定了坚实的基础。总体看来，国内对德国马克国际化的研究还处于起步阶段。

三、本书的主要观点

通过文献回顾可以发现，相较于美元国际化和日元国际化②，对德国马克国际化的研究还很不充分，这一方面是因为德国从未像日本一样公开高调地把货币国际化宣布为国家的既定战略，德国官方的文件中也看不到马克货币化的字眼，德国政治家更是很少公开提及马克国际化，德国联邦银行甚至还曾公开表态反对马克的国际化；另一方面在于战后欧洲出现了一体化进程，公众和学术界的注意力都集中于此，特别是欧洲的货币合作与一体化吸引了众多学者和各国政要的目光。在欧洲一体化的光芒之下，德国马克国际化仿佛是一个并不存在的命题，或者是人为地被与欧洲经济货币一体化割裂开来，被认为是两个不同的进程和研究对象，而欧元诞生所产生的冲击力更使得已经退出历史舞台的德国马克黯然失色。实际上，如果重温这段历史可以发现德国马克其实一直存在，欧洲货币一体化实际上是马克国际化的另一种有效形式，两者是一枚硬币的两面，是并行不悖的。从某种意义上讲欧元在本质上可以看作是马克国际化的"升级版"，没有马克的崛起就没有后来欧元的横空出世。

如蒙代尔所说，货币因素在许多政治事件中发挥了决定性作用，而

---

① 丁一凡：《美欧何时才能走出债务危机的阴影》，载《当代世界与社会主义》，2011年第5期，第20页。

② 关于日元国际化的研究现状与文献综述，可以参考：陈晖：《日元国际化的经验和教训》，社会科学文献出版社2011年版，第7—11页；Barry Eichengreen 最新的著作对美元国际地位的形成、现状与未来发展进行了精彩的论述。参见 Barry Eichengreen, *Exorbitant Privilege: The Rise and Fall of the Dollar and the Future of the International Monetary System*, Oxford University Press, 2011。

第一章 导 论

同时，国际货币体系取决于成员国的权力格局。① 货币国际化是一个复杂的过程，良好的经济指标与国际货币地位之间并不是一种必然的关系，两者之间还存在许多条需要跨越的鸿沟。历史经验表明一种货币的国际化往往与社会、政治和经济力量巨大的结构性变革联系在一起②，德国马克国际化的进程很好地说明了这一点。

从政治经济学的视角出发，本文认为"国际货币权力"（International Monetary Power）——因为在与其他国家的货币关系中居于优势地位而让一个国家具有的影响他国行为的能力——是解释一国货币国际化起因、发展和最终走向的核心概念，货币国际化在本质上是大国对"国际货币权力"的竞争、限制和占有，这一权力角逐成为了塑造国际货币体系的主要力量。这为我们理解"货币国际化"现象提供了一个更为深刻的分析框架。美元的"过度特权"对欧洲特别是对德国造成的沉重压力和负担是马克国际化的直接推动力，20世纪60到70年代一次次的美元危机和由此所带来的国际货币体系的剧烈动荡则为马克国际化打开了"机会窗口"，尤其是美国在70年代过于自信的对外货币政策导致欧美严重对立，德国则抓住这一时机，联合其他欧洲国家在美元体系之外建立了马克主导下的欧洲货币体系，这一政策选择为德国马克的国际化的推进提供了制度保障和政治合法性，最终让德国马克顺利地实现了"和平崛起"。马克国际化的结果就是美元的"流通域"一步步被侵蚀和挤压，随着欧元的正式流通美元势力最终被"驱逐出"欧洲大陆。德国马克包裹在欧元的"外衣"之下非但没有消失，反而让德国获得了更大的"国际货币权力"。

---

① 〔加〕蒙代尔：《蒙代尔经济学文集第六卷——国际货币：过去、现在和未来》，向松祚译，中国金融出版社2003年版，第163—164、185页。
② Frank Moss, "The Euro: Internationalised at Birth", paper for Seminar on Currency Internationalisation, Seoul, March 2009, p.16.

德国马克的崛起——货币国际化的政治经济学分析
The Rise of Deutsche Mark—The Political Economy Analysis on Currency Internationalization

在现实中欧元的诞生并没有完全遵循市场逻辑，而是典型的"国家间政治"的产物，欧元这一共同货币替代欧洲民族国家各自主权货币的政治进程中，最大的赢家就是德国。它虽然放弃已然是世界第二大储备货币的马克，但却获取了欧盟内部实质上最具含金量的权力——国际货币权力，一种基于货币关系对其他成员国行为的影响力和支配权。所以欧元对德国而言不再仅仅是一种货币，而是其核心国家利益。在应对欧债危机期间，德国为维护自己核心国家利益而发起了一场"欧元保卫战"。这场"欧元保卫战"在本质上是欧元诞生之后德国"国际货币权力"首次集中释放能量，其结果是德国"国际货币权力"的又一次扩张，核心是对其他欧元区成员国"融资能力"的控制。正是因为这场"欧元保卫战"背后复杂的政治逻辑，德国在此次欧债危机中的角色在备受瞩目的同时却又备受质疑，德国的危机应对措施才那么的充满争议。这场危机让"德国人的欧洲"不再仅仅是一种停留在学术层面的探讨，而在逐渐成为是一种现实。德国马克崛起的历史并没有终止于1999年欧元的诞生，欧元只是德国马克另一种形式的存在，成为了德国获取更为强大的"国际货币权力"，并借此主导欧洲的根基。正是战后欧洲国家约束美元"过度特权"的实际行动和之后的欧洲的政治合作促成了马克的崛起，并且能够在最短的时间内成为了国际货币。

从具体经济运行的微观基础上讲，之所以是德国马克能够抓住20世纪60—70年代的历史机遇顺利地成为了"国际货币"，而是不法国法郎或者意大利里拉，其根源在于与美国发达的资本市场对美元国际化的强有力支撑相对应，德国极具竞争力的现代工业体系为马克国际化提供了坚实的支撑。与美国通过向全球输出金融产品来创造对世界范围内对美元的需求不同，德国通过以"德国制造"为核心的全球产业链来保证其他国家对德国马克的需求。德国"工业竞争力+政治性货币合作制度安排"的货币国际化路径虽然更为艰辛和漫长，但是更有利于后进国家经

第一章 导 论

济长期、稳定和健康地发展。

马克崛起的故事给人们的启示在于：货币国际化根本上是一种国际政治现象，是国家整体对外战略的重要组成部分。对外政治合作是一个国家货币国际化成功的一个重要条件，对于后进国家而言尤其如此。

四、本书可能的创新点

本书的主要特色是尝试将"货币国际化"这一传统上被认为是属于经济学或者金融学的研究对象纳入到国际政治学的研究视野中，希望这种学科间的交叉研究和相互渗透能够更有助于认识和理解真实的世界及其运行规律。本书在三个方面可能有所创新：

（1）全面地梳理了德国马克国际化的历史进程，深入地分析德国马克崛起的动力、机制和影响。

（2）对德国马克国际化的经验事实进行了理论抽象，将马克的成功归结为"工业竞争力+政治性货币合作制度安排"的货币国际化路径。

（3）运用政治经济学的分析视角，从货币的政治属性出发，以"国际货币权力"为核心概念和主要分析框架来重新审视货币国际化，与主流经济学普遍将货币国际化视为是一种市场自由选择的过程不同，在本书视角中，货币国际化的过程是各国对"国际货币权力"的竞争、限制和占有，更加注重对货币国际化进程中所隐藏的动态的权力运行机制进行分析与解释。

五、本书的研究方法

本书的研究方法分为三个层面：

第一层面，全文整体上遵循逻辑实证主义的研究方法，是一个"观察和发现事实——证伪旧命题——提出新命题——检验（证实）新命题——得出结论"的过程。通过对德国马克国际化进程中具体经验事实的梳理，发现其与主流理论的相悖之处，然后通过对出现这些"相悖之处"原因的探寻和分析，提出更具解释力的命题，对原先的理论进行修正和补充。

第二层面，在本书的实证部分，运用了案例研究的方法，通过详细地梳理和分析德国马克崛起的经验事实来验证和检验本书的命题。

第三个层面，采用了政治经济学的分析视角，这里的"政治经济学"是指以威廉·配第、亚当·斯密、大卫·李嘉图以及马克思等为代表的古典政治经济学，他们研究的对象不仅仅是现代新古典经济学中狭义的"经济效率"问题，而是"国民财富的性质和原因"；他们运用整体主义的方法论，关注的不仅仅是一个个抽象意义上的个体，而是更为关注特定社会关系中财富在不同利益集团之间的跨阶层流动与生产分工；他们不仅仅关注"国民财富"的"生产"，更是特别关注"国民财富"的"性质"，也就是财富在不同利益集团之间的分配机制以及由此所引发的社会冲突。在目前的全球经济与国际政治舞台上，国家仍然是最为重要的行为体，而国家本身又是一个内部结构复杂、由不同利益集团所组成的政治经济复合体，政治经济学的视角有助于更为深刻地把握和理解国家行为。

第二章 马克国际化的起点：黄金与美元危机

一、战后美元危机

在经历了"一战"后世界秩序的动荡不安和"二战"中规模空前的人类间相互厮杀之后，西方世界在战后国际货币与金融体系的安排上达成了共识：货币的稳定需要"可调整的钉住汇率制度"。两次世界大战期间各国为刺激经济而采取的货币竞相贬值政策所造成的投机性资本大规模流动导致了国际金融体系的不稳定，而这正是20世纪30年代"大萧条"形成的重要原因。德国接受了这种共识[1]，加入在此共识下重建的战后国际货币新秩序，也被称为"布雷顿森林体系"，其主要安排是美元以固定价格与黄金挂钩（1盎司黄金兑换35美元），其他货币与美元挂钩，汇率的变动固定在一个规定的区间内，同时成立IMF来为出现国际收支困难的国家提供短期融资，所以说这"一战"后共识的核心在于各国接受美元的主导地位，其他国际货币以美元为中心形成全球性的货币制度安排。战后初期美国拥有全球2/3的黄金储备，加之其超

---

[1] Robert L. Hetzel, "German Monetary History in the Second Half of the Twentieth Century: From the Deutsche Mark to the Euro", in Federal Reserve Bank of Richmond *Economic Quarterly*, Volume88/2, Spring 2002, p. 31.

级大国的地位，美元成为国际交易中为各国所认可的主要"清偿手段"（international liquidity），成为了实事上的"国际货币"，各国得到美元的途径是通过贸易向美国出售自己的商品和劳务，而美国以贸易逆差的形式向各国输出美元。这一"国际货币"创造机制在布雷顿森林体系内主要由美国和德国来完成：德国通过对美国持续地保持顺差从而积累了大量美元储备，然后德国又以资本输出和对外援助的方式将美元输送到其他西欧国家。

早在1957年特里芬（Robert Triffen）就提出此种"清偿手段"创造机制是不可持续的，特别是在西欧国家的货币实现自由兑换后。因为西欧国家所持有的美元资产正在超过美国的黄金储备，这一趋势无疑会侵蚀对美元的信心，如果西欧国家用手中的美元向美国兑换黄金，这将给美国和整个国际货币体系带来严重的问题。[1] 这些思想又在其1960年的著作《黄金与美元危机——自由兑换的未来》中得到详细的阐述，并且以"特里芬困境"而闻名。[2] 历史的发展证明了特里芬的远见，从20世纪50年代中后期开始美国的国际收支状况开始恶化，1958年和1959年的逆差额分别达到了29亿和22亿美元[3]，许多国家开始担心美国对外逆差的增加将导致美元实际购买力的下降，于是将自己持有的美元储备兑换为黄金，1950—1957年间美国的黄金储备总共减少了17亿美元，但仅

---

[1] Robert Triffen, *Europe and the Money Muddle: From Bilateralism to the Near-Convertibility, 1947 – 1945*, New Haven, Yale University Press, pp. 296 – 297.

[2] 〔美〕罗伯特·特里芬：《黄金与美元危机——自由兑换的未来》，陈尚霖、雷达译，商务印书馆1997年版。特里芬认为任何一个国家的货币如果充当国际货币，那么一方面，随着国际贸易与国际投资规模的增加，对该国货币的需要也随之增加，这就要求该国通过国际收支逆差来实现，但这就必然会带来该货币的贬值，从而打击其作为国际货币的信心；另一方面，作为国际货币发行国又必须保持币值稳定和维持信心，所以不能持续保持逆差。这就使充当国际货币的国家处于左右为难的困境，这在国际经济学中被称为"特里芬困境"。

[3] Robert Solomon, *The International Monetary System, 1945 – 1976: An Insider's View*, Happer & Row Publishers, 1977, p. 27.

第二章 马克国际化的起点：黄金与美元危机

1958—1960年三年的时间内美国流失了51亿美元的黄金储备。① 到了1960年7月底，外国央行和私人部门持有的短期美元债务以及外国债权人持有美国政府债券总额达到了189.46亿美元，超过了同期美国186.85亿美元的黄金储备总额②，这引起了市场对美国能否够坚持35美元兑换1盎司黄金这一比价的怀疑，美元资产开始遭到抛售，更多的国家要求将自己持有的美元储备兑换为黄金。

特别是在1960年10月15日之后，肯尼迪当选总统的前景已经明朗化，很多欧洲人担心肯尼迪主张的凯恩斯主义扩张政策会加剧美国的通货膨胀，造成美元实际购买力的下降，在这种预期之下黄金作为避险工具成为投机资本的目标。1960年10月20日，伦敦市场上每盎司黄金的价格上涨到40美元，远高于美国官方规定的每盎司黄金35美元的比价，其他欧洲国家金融市场上黄金价格也都出现了上涨的趋势，这导致了世界范围大规模抢购黄金抛售美元的风潮，引发了战后第一次美元危机。虽然美国通过采取一系列包括成立黄金总库③、发行外币债券以及对资本外流征税等措施暂时稳定了黄金与美元的比价，黄金抢购风潮得到了遏制。但这次黄金与美元危机也使得国际货币体系改革成为了当时国际政治中的焦点议题，其核心是对美国"国际货币权力"的限制与重构——创造出一种新的国际储备资产（Reserve Creation）用作各国间交易的"清偿手段"（International Liquidity），以代替美国以国际收支逆差来进行的国际储备资产创造方式。以此为契机，

---

① Robert Solomon, *The International Monetary System, 1945 – 1976: An Insider's View*, Happer & Row Publishers, 1977, p. 37.
② Memorandum, Meeting with President, on Oct. 4 1960, *DDRS*, Document Number: CK31000420260.
③ 为了减少黄金储备流失，美国联合英国、瑞士、法国、西德、意大利、荷兰、比利时八个国家于1961年10月建立了黄金总库，八国央行共拿出2.7亿美元的黄金，由英格兰银行为黄金总库的代理机关，负责维持伦敦黄金价格，在伦敦黄金市场上买卖黄金，以便将金价维持在35.20美元1盎司的水平上。

戴高乐领导下的法国政府开始试图以货币为武器冲击美国在西方国家中的领导权①,法美之间的这次对抗与冲突深刻地影响了之后世界货币版图的重构和德国马克的崛起。

二、德国在法、美"货币战争"中的艰难抉择

1959年戴高乐出任法兰西第五共和国总统,他上台后推行独立自主的外交政策,主张"欧洲人的欧洲",推动西欧国家通过联合来摆脱美国的控制,他同时坚定地认为法国应和美国一样要承担在世界上的责任,享有与美国平起平坐的大国地位。这必然与美国竭力保持在西方世界的领导权,同时与苏联争夺全球霸权的国家战略产生冲突,法美关系也因此在戴高乐时期常常处于紧张状态。在这一背景下因美元危机而进入西方国家议事日程的国际货币体系改革问题,很自然地成为了双方一个"短兵相接"的舞台。法美之间的这场"货币博弈"可以分为1960—

---

① 关于法国和美国在20世纪60年代围绕国际货币体系改革所产生的冲突和双方的博弈,可以参考:Jacques Rueff, *The Monetary Sin of the West*, Macmillan, 1972, pp. 61 – 148; C. Fred Bersten, *The Dilemmas of the Dollar*, New York University Press, 1975, pp. 246 – 250; Michael D. Bordo, Dominique Simard, Eugene White, "France and the Bretton Woods International Monetary System: 1960 to 1968", NBER Working Paper No. 4642, February 1994; Harold James, *International Monetary Cooperation Since Bretton Woods*, Internatinoal Monetary Fund and Oxford University Press, 1996, pp. 154 – 171; Christopher S. Chivvis, "Charles de Gaulle, Jacques Rueff and French International Monetary Policy under Bretton Woods", in *Journal of Contemporary History*, Vol. 41, No. 4, Oct. 2006, pp. 701 – 720;陈平、管清友:《大国博弈的货币层面——20世纪60年代法美货币对抗极其历史启示》,载《世界经济与政治》,2011年第4期,第25—47页。特别值得注意的是早在1965年中国学者浦山就注意到了法美之间的这场"货币战争",并对这次货币战的实质以及对国际货币体系的影响作出了深刻的分析。参见浦山:《法美货币战和资本主义世界国际货币体系的危机》,见中国社会科学院科研局组织选编:《浦山集》,中国社会科学出版社2006年版,第129—150页。

第二章　马克国际化的起点：黄金与美元危机

1964 年和 1965—1968 年 5 月两个阶段①，在前一个阶段法国更多地遵循多边合作的路线，政策手段的实施也较为温和，法国积极地参与到对国际货币体系改革的各种讨论和具体方案的制订中，希望通过主导各国间的多边合作与谈判来对美国施加压力，解决美国借由自己在国际货币体系中的垄断地位而不断膨胀的国际收支逆差问题。1962 年，法兰西银行在其年报中明确声称对现行国际货币体系的改变是不合时宜的。1963 年 9 月 10 日，法国财政部长德斯坦也说纠正美国的国际收支赤字是比创建新的国际货币体系更为优先的议题。为了解决布雷顿森林体系下国际收支失衡的调节在储备货币发行国和非发行国之间的不对称问题，1964 年 9 月德斯坦在 IMF 和世界银行东京年会上提出了法国政府改革国际货币体系的建议，法国希望建立一个以黄金为中心的"共同储备单位"（CRU，Collective Reserve Unit）作为新的储备资产。根据法国的这一计划主要的关键货币国根据自己黄金储备的多少来认购 CRU，黄金和 CRU 在保持一个固定的比例下共同流通。② 法国这一计划的核心在于打破布雷顿森林体系下美元独享的"与黄金一样好"（as good as gold）的特殊地位，而让其他关键货币具有与美元相同的地位。同时强化"黄金"作为"货币之锚"的角色，大大限制了通过掌握和控制储备货币的发行来为本国国际收支逆差融资，进而汲取其他国家实际资源的做法，这一计划直指美国"国际货币权力"的核心，等于是变相稀释和分享美国的"国际货币权力"，所以法国的这一建议立即遭到了美国的拒绝，而美国的傲慢态度直接导致了戴高乐政府态度的变化，戴高乐意识到仅仅通过谈判无法使美国克制和限制自己对"国际货币权力"的滥用，更

---

① Michael D. Bordo, Dominique Simard, Eugene White, "France and the Bretton Woods International Monetary System: 1960 to1968", NBER Working Paper No. 4642, February 1994, p. 9.
② Michael D. Bordo, Dominique Simard, Eugene White, "France and the Bretton Woods International Monetary System: 1960 to1968", NBER Working Paper No. 4642, February 1994, pp. 11 – 13.

不用说让美国主动改革产生这一权力的国际货币体系,他决定采取更为激进的手段。

在1965年2月4日的新闻发布会上,戴高乐猛烈地抨击了美元所享有的"过渡特权"(exorbitant privilege),表示布雷顿森林体系已经被滥用而且变得危险,这个以美元为中心的体系可以使美国不受限制地对外负债,让美国获得征用他国的经济和输出自己的军事力量的便利。戴高乐说美元作为国际经济的基础是不可接受的,因为它不具备任何实际价值,而黄金具有价值不会改变的特质,他号召欧共体成员响应法国重返金本位的倡议。① 这次新闻发布会成为了法国在国际货币体系改革问题上的政策转折点,戴高乐政府开始采取更具对抗性的激进手段,通过动摇布雷顿森林体系的基础来逼迫美国的让步,要求美国提高黄金与美元之间的比价,或者重返金本位。美国当然不能同意法国提高金价或者重返金本位的要求,因为这不只涉及经济问题,如果金价上涨,真正收益的是两个黄金生产国:南非和苏联,还有就是已经拥有大量黄金储备的法国,而法国正在货币问题上向美国发起挑战。于是从1965年初开始,法国大规模地将自己的美元储备兑换为黄金,法国的外汇储备从1964年底的28.4亿美元下降到1966年的11.2亿美元,而同期黄金储备从10.65亿盎司上升到了14.96亿盎司。② 法国希望藉由自己的兑换行动带动更多国家的参与,进而形成对美国强大的压力。根据美国中央情报局的报告,法国不仅自己向美国兑换黄金,而且将相关的金融信息透露给新闻界,同时还鼓励包括社会主义国家在内的其他国

---

① Christopher S. Chivvis, "Charles de Gaulle, Jacques Rueff and FrenchInternational Monetary Policy under Bretton Woods", in *Journal of Contemporary History*, Vol. 41, No. 4, Oct. 2006, p. 713.

② Harold James, *International Monetary Cooperation Since Bretton Woods*, Internatinoal Monetary Fund and Oxford University Press, 1996, p. 169.

第二章 马克国际化的起点：黄金与美元危机

家将持有的美元储备兑换为黄金①，阿尔及利亚在法国的劝说下从美国购买了1.5亿美元的黄金②，西班牙为了获取法国在其加入欧共体问题上的支持也加大了向美国兑换黄金的力度③，这导致了市场对美元和英镑的投机风潮，紧接着法国在1967年夏退出了旨在维持黄金与美元比价的"黄金总库"运作机制，而在这之后几个月英国在1967年11月就因黄金储备损失殆尽无力维持平价，宣布贬值。英镑贬值加重了市场对美国维持美元平价能力的怀疑情绪，引发了市场上抛售美元抢购黄金的投机风潮，第二次美元危机爆发。

之后"黄金总库"的储备量迅速下降，仅1968年3月14日一天就减少了4亿美元的黄金，黄金储备的大量流失使美国无力再维持"黄金总库"的运行，从英镑宣布贬值到1968年3月15日关闭，"黄金总库"共出售了30亿美元的黄金，其中美国的份额是22亿美元。之后美国不得不实行黄金价格"双轨制"，黄金官价用于各国中央银行用美元向美国兑换黄金，市场金价则由供求关系所决定，各国政府不再干预。"双轨制"意味着美元已变相贬值，布雷顿森林体制的基础动摇了，因为不可能长时期地让各国中央银行之间的黄金买卖以低于市场价格来成交，所以"双轨制"的基础很薄弱。面临规模不断增加的黄金兑换压力，美国的态度也开始软化并开始考虑法国创建新的储备资产的意见。为了使美国真正在国际货币体系中作出妥协，需要给美国继续施加更大的压力，但要做到这一点仅凭法国的力量是不够的，一方面在于法国自身外汇储备的规模有限，并且从1967年起法国的国际收支顺差开始减少甚至出现

---

① Central Intelligence Agency, Intelligence Memorandum, *French Actions in the Recent Gold Crisis*, 20 March, 1968, *DDRS*, Document Number: CK3100291409.

② Robert Solomon, *The International Monetary System, 1945－1976: An Insider's View*, New York, Harper & Row Publishers, 1977, p.115.

③ C. Fred Bersten, *The Dilemmas of the Dollar*, New York University Press, 1975, p.250.

德国马克的崛起——货币国际化的政治经济学分析
The Rise of Deutsche Mark—The Political Economy Analysis on Currency Internationalization

逆差,这让法国没有能力继续有效地冲击美元;另一方面,要想在国际货币体系改革的谈判中占据主动,成功逼迫美国让步,需要欧洲国家特别是欧共体成员国协调立场团结一致,而这需要欧洲经济头号强国德国在其中发挥重要作用,同时德国又是当时美元储备的最大持有国之一,可以对美元走势施加更大的影响,所以争取德国的支持就至关重要。

德国其实一直对法国在国际货币体系改革中的立场持同情态度,在1967年初德国政府曾经认真地讨论了加入戴高乐要求提高黄金价格的倡议的可能性①,美国同样认识到德国对于继续维持美元主导地位的重要性,在1967年4月24日写给约翰逊总统的备忘录中,国务院明确提出在国际货币问题上要使德国同法国分离转而支持美国②,1967年6月6日美国财政部长福勒(Henry Hammill Fowler)写信给西德经济部长席勒(Karl Schiller),强烈反对欧共体国家将美国国际收支逆差的根源归结为美国的过度需求超过其经济生产能力,同时美国以逆差的方式来汲取世界上其他国家的资源的这种说法。福勒认为美国的生产与消费是平衡的,逆差源于美国因为其特殊的地位而对世界经济和安全所负的责任,假如美国大量削减开支不仅将导致美国和其他国家的经济衰退而且会威胁到世界和平。如果德国和其他欧共体国家不在货币问题上与美国合作,美国将在国会和公众的压力下不得不采取贸易保护主义,或者限制美国人到欧洲旅游,或者更严格地限制资本输出和对穷国的援助,或者削减为保护自由世界的安全所付出的费用。所以德国和其他欧共体国家要支持美国倡议的用创建SDR来增加国际储备的计

---

① Hubert Zimmermann, *Money and Security: Troops, Monetary Policy, and West Germany's Relations with the United States and Britain, 1950 – 1971*, Cambridge University Press, 2002, p. 226.

② Text of Cable for the President, Department of State, on April 24. 1967, *DDRS*, Document Number: CK3100125044.

第二章 马克国际化的起点：黄金与美元危机

划，否则将是不明智的。① 福勒已经非常清晰地说明了美国的立场，美国不可能按欧洲人所要求的主动以紧缩国内经济的方式调节自身的国际收支失衡，欧洲人也不能以此为借口拖延美国所倡导的创建 SDR 的方案。

福勒之所以能够这么有底气，关键就在于他所说的"保卫自由世界的安全"，美国战后在西德有 20 多万驻军，美国驻守德国的军队一方面是为了防止苏联入侵西欧，另一方面也是为了防止"重新武装"后的德国军事上"东山再起"威胁欧洲安全，这一安排是战后以北约为中心的大西洋安全格局的基础。德国政府有义务以不同形式支付一定的美国驻军费用，这主要由双方定期签订"补偿协议"（Offset Agreement）来完成②，通常的做法是德国直接支付一定金额的款项或者进行军事采购，但是在由法国的冲击而引发的第二次美元危机期间，美国将关于"补偿协议"的谈判作为迫使德国不能与法国合作向美施压，而必须支持美元的有力工具。时任国家安全事务副助理的巴特（Francis M. Bator）在给约翰逊总统一份关于德美"补偿协议"谈判的备忘录中建议，一方面要使德国承诺将投资于美国财政部的中期债券，使其庞大的外汇储备回流到美国；另一方面，更具价值的是要求德国联邦银行写一封公开信，承诺不将其持有的美元兑换黄金。巴特认为这样将产生示范效应，可以说服其他欧洲国家也这么做，这将使得欧洲国家在事实上进入了"美元本位"，如果计划成功，只要逆差规模不致失控，那么美国将不用再担心国际收支逆差问题。③ 巴特的建议基本上成为了后来美

---

① Letter to West German Minister of Economics Karl Schiller from Secretary of the Treasury Henry Fowler, on Jun. 6, 1967, *DDRS*, Document Number: CK3100509008.

② 英国战后在德国也有驻军，也要求德国分担费用，所以关于"补偿协议"的谈判一般是在美、英、德三方间进行，也被称为"三方协定"。

③ Memorandum for the President, Meeting with John Mccloy on the Trilaterals, March 8, 1967, *DDRS*, Document Number: CK3100233128.

德国马克的崛起——货币国际化的政治经济学分析
The Rise of Deutsche Mark—The Political Economy Analysis on Currency Internationalization

国政府的实际政策,使得德美关系之间形成了一种制度性的"货币—安全"安排。

德国联邦银行原本只想投资于更具流动性和低风险的美国政府短期债券①,并且德国联邦银行也不愿做书面承诺而是想口头约定不将所持美元兑换黄金,这时美国以从德国撤军相威胁,在冷战的背景下对处于东西方对抗桥头堡地位的德国而言,苏军跨过边境长驱直入并非仅仅只是一种低概率事件,而是现实的危险,前几次柏林危机已经证明了这一点。从国家安全考虑,德国只能遵从美国的要求。1967 年 3 月 30 日,时任德国联邦银行行长布莱辛写信给美联储主席马丁承诺德国不会把所持美元储备兑换成黄金②,这封信是战后国际货币史上的一份重要文件,被称为"布莱辛信件"(Blessing Letter)。而要求德国购买美国政府债券的条款则相当于迫使德国把"人质"放在华盛顿,保证德国对美元的持续支持(如表 2 - 1)。由此,美德之间关于驻军费用的"补偿协议"成为了维护美元主导地位的"保证书"(如表 2 - 1 所示),在美国和法国之间,德国不得不选择站在了前者一边。曾在 1969—1971 年担任总统国家安全事务顾问的助理,负责协调白宫对外经济事务的伯格斯坦在 1975 年写道:的确,作为世界上最大的顺差国,德国明确承诺不将其持有的美元储备向美国兑换黄金,是战后美国能够隔离外部对其(黄金)储备压力的最重要的步骤。③

---

① Incoming Telegram, Department of State, Ambassador McGhee's meeting with Bundesbank President Blessing, on December 12, 1966, *DDRS*, Document Number: CK3100198262.

② Monika Dickhaus, "The International Monetary Policy of the German Central Bank 1958 – 1970", EUI Working Paper HEC No. 2001/7, European University Institute, Badia Fiesolana, 2001, p. 16.

③ C. Fred Bersten, *The Dilemmas of the Dollar*, New York University Press, 1975, p. 3.

第二章 马克国际化的起点：黄金与美元危机

表 2-1 德美海外驻军费用"补偿协定"

签订日期	有效期	协议内容
1967 年 4 月 28 日	1967 年 7 月 1 日—1968 年 6 月 30 日	购买价值 20 亿马克的美国财政部中期债券 德国联邦银行承诺不用所持美元储备兑换黄金的公开声明
1968 年 6 月 10 日	1968 年 7 月 1 日—1969 年 6 月 30 日	军事采购：1 亿美元 美国财政部中期债券投资：5 亿美元 波音飞机购买：6000 万美元
1969 年 7 月 9 日	1969 年 7 月 1 日—1971 年 6 月 30 日	军事采购 32 亿马克 利息放弃：1.3 亿马克 民事采购：5 亿马克 长期金融交易协定：22.5 亿马克 十年期政府借款：10 亿马克 购买 EXIM 银行和"马歇尔计划"的权益：4.75 马克 债务预付款：1.75 亿马克 在美国直接投资：6 亿马克
1971 年 7 月 10 日	1971 年 7 月 1 日—1973 年 6 月 30 日	军事采购：40 亿马克 兵营翻修：6 亿马克 美国政府债券投资：20 亿马克

资料来源：Hubert Zimmermann, *Money and Security: Troops, Monetary Policy, and West Germany's Relations with the United States and Britain, 1950 – 1971*, Cambridge University Press, 2002, pp. 252 – 253。

三、德国马克的"突然崛起"

因为没有德国的明确支持，法国并没有实现自己的战略目的——迫使美国让步，同意法国对国际货币体系的改革方案，让国际收支以更为对称的方式调节——特别是从1967年开始法国经济增长放缓顺差减少，无力再同美国正面交锋，法国逐渐默认了美国主导下的多边国际货币体系改革进程，也就是以创建特别提款权（SDR，Special Drawing Right）来增加国际储备资产，避免美国再次面对美元兑换黄金的巨大压力。在1968年5月法国国内又发生了声势浩大的学生示威抗议运动，并且最终演变成全国性罢工游行活动导致整个法国社会一度陷入瘫痪，戴高乐也因此次"五月事件"而下台，法美这次争夺"国际货币权力"的较量暂时以法国失败画上了句号。但由法国主动冲击而引发的布雷顿森林体系的动荡却并没有因为法国的"鸣金收兵"而恢复平静，相反愈演愈烈，这一方面在于黄金"双轨制"进一步拉大了黄金的市场价格与各国央行间官价之间的差距，而美国不断恶化的财政和国际收支状况使人们确信面对黄金高企的市场价格，美国没有能力长时间维持黄金官价；另一方面，由于美国并不希望自己的"国际货币权力"被分享，对新的储备资产SDR的使用范围和创造发行机制进行了种种限制，使得SDR并不能真正转移美国的黄金兑换压力。

到了1971年美国的黄金储备下降到了110亿美元，而美国政府的短期负债已经达到了250亿，这意味着外国政府和中央银行所持有的美元中只有44%得到了黄金保证，因此美元信用迅速下降[1]，第三次美元危机爆发，国际金融市场又一次出现了抛售美元资产抢购黄金的浪潮，美国不堪承受黄金储备迅速流失的压力，尼克松总统于1971年8月15日单方面宣布关门"黄金窗口"，终止以美元兑换黄金的义务，布雷顿森林体系开始走向了终点，这一事件也被称为"尼克松冲击"（Nixon Shock）。与第一次美元危机不同，在第二次和第三次美元危机中，不仅大量美元被兑换为黄金，出于保值和避险的需要，德国马克由于其稳定

---

[1] 〔美〕保罗·沃尔克、〔日〕行天丰雄：《时运变迁》，贺坤、贺斌译，中国金融出版社1996年版，第93—94页。

第二章 马克国际化的起点：黄金与美元危机

的币值和德国国内的低通货膨胀而受到了市场疯狂的追捧（如表2-2所示），德国资本账户顺差激增，仅仅在1968年9月的前三个星期就有90亿马克资金流入德国，市场对马克的巨大需要导致德国外汇交易所不得不在1968年11月20—22日暂时关闭，但市场的热情丝毫没有减弱，1969年4月30日到5月9日这十天之内就有160亿马克的资金涌入德国。[①] 20世纪60年代末到70年代初，在布雷顿森林体系逐步走向解体的动荡环境中，币值稳定的德国马克显得一枝独秀，受到了各国货币当局和私人投资者的青睐，各类资金争相兑换成德国马克，在这一时期德国的资本流入量激增，一时间德国马克成为了"明星货币"。戴高乐时代的外交部长米歇尔（Michel Debre）曾经写道："1968年11月，马克的强势让德国人第一次有底气大声说话。货币强势确保其经济霸权地位，经济霸权地位则确保德国在很长一段时间内成为欧洲的主人。"[②] 国际货币基金组织在其1972年的年度报告中也第一次提到了德国马克作为国际储备货

表2-2 1970—1973年德国的国际收支状况

（单位：十亿德国马克）

	经常账户	资本账户	国际收支余额
1970年1月—1971年12月	+6.3	+32.0	+38.3
1971年1月—1973年3月	+4.2	+31.4	+20.3
1970年1月—1973年3月	+10.5	+63.4	+74.0

资料来源：Otmar Emminger, *D-Mark, Dollar, Waehrungskrisen: Erinnerungen eines ehemaligen Bundesbankpraesidenten*, Deutsche Verlags-Anstalt, Stuttgart, 1986, p. 186.

[①] Otmar Emminger, "Deutsche Geld-und Waehrungspolitik im Spannungsfeld zwischen innerem und aeusserem Gleichgewicht（1948 – 1975）", in Deutsche Bundesbank（Hrsg）: *Waehrung und Wirschaft in Deutschland 1876 – 1975*, Frankfurt, p. 518.

[②] 〔英〕戴维·马什：《欧元的故事：一个全球货币的激荡岁月》，向松祚、宋姗姗译，机械工业出版社2011年版，第42页。

币的地位和作用①，正如前德国联邦银行行长埃明格所说，因为美元的持续走弱以及源自美国的货币及资本流动所造成的频繁动荡，最迟在20世纪70年代初期德国马克作为欧洲最为坚挺的货币"不情愿地"成为了美元的"对手"。② 正是在美元与黄金危机中，德国马克开始崛起。

---

① Jacob A. Frenkel and Morris Goldstein, "The International Role of the Deutsche Mark", in the Deutsche Bundesbank (eds.), *Fifty Years of the Deutsche Mark: Central Bank and the Currency in Germany since 1948*, Oxford University Press, 1999, p. 685.

② Otmar Emminger, *D-Mark, Dollar, Waehrungskrisen: Erinnerungen eines ehemaligen Bundesbankpraesidenten*, Deutsche Verlags-Anstalt, Stuttgart, 1986, p. 173.

第三章 去美元化：马克主导下的欧洲货币联盟

一、布雷顿森林体系的解体与欧美战后"货币共识"的消解

"布莱辛信件"中的承诺让德国联邦银行失去了货币自主权中的一个重要方面，意味着另一个国家对于德国外汇储备的最终价值拥有了越来越多的影响力。① 而同时德国和其他欧洲国家却对美国逆差扩大而导致的国际货币体系动荡毫无办法，布莱辛后来在接受采访时说，德国没有将其持有的美元兑换为黄金的做法让美国人在推行货币政策时毫无压力，不必经受考验，美国人总是承诺说明年会不一样，后年会更好，总是有为其通货膨胀开脱辩解的理由。他也感觉到自己当时对美国的承诺是负有责任的，其实应该对美国更为严厉，把储备的美元毫不留情地兑换成黄金。② 这当然有事后负气的成分，但也从另一方面反映了德国人对美国利用所掌握的国际货币权力，竭力避免通过紧缩经济和减少货币供应来调整自己的国际收支不平衡，而将调整的负担和压力转移至他国的政策极其不满。特别是当尼克松在 1971 年 8 月 15 日突然宣布放弃美元与黄

---

① Hubert Zimmermann, *Money and Security: Troops, Monetary Policy, and West Germany's Relations with the United States and Britain, 1950 – 1971*, p. 227.

② "Der Brief Gilt Leider Noch Heute: Interview mit Karl Blessing", in *Der Spiegel*, 19/1971, p. 82.

金之间的可兑换性，这让德国持有的大量美元储备的价值顿时大打折扣，并且面临不断缩水的威胁，这无疑是对信守"布莱辛信件"中承诺的德国一个巨大的讽刺，并且就在这之前几个月美国的财政部长还信誓旦旦地表示美元不会贬值。同时，美国逆差规模的不断膨胀造成的美元泛滥直接威胁到了德国国内的物价稳定，使德国面临通货膨胀的压力，在布雷顿森林体系剧烈动荡行将解体之际德国突然发现自己掉进了"美元陷阱"，或者用德国人自己的说法是陷入了"内部与外部平衡之间的紧张冲突"。①

但是相较其他欧洲国家，对于如何"走出美元陷阱"，德国的反应和行动还是比较迅速的，一方面在具体的政策层面通过马克主动升值和灵活的利率政策来抑制通胀，稳定物价；另一方面从战略层面德国人开始认真考虑要摆脱美元的影响力。1969年12月的欧共体海牙峰会上，德国总理勃兰特就倡议建立一个永久性固定汇率的货币联盟，并表示在联盟成立之后德国愿意将自己外汇储备的一部分交由欧共体机构管理，但这一建议被其他欧洲国家所拒绝。在1971年5月美元危机期间，德国经济部长席勒再次建议欧共体国家货币联合起来统一对美元浮动，但是被法国和意大利拒绝了。这不仅仅是因为欧洲各国在货币一体化中的利益存在巨大分歧，更重要的是在货币问题上主导当时欧洲大多数国家理念的还是英美所达成和推广的"战后共识"：各国货币以美元为中心组建成一个稳定的全球性货币体系，进而促进世界范围内的自由贸易。在美元之外"另起炉灶"只是一种激进的非主流思想，大部分国家认为其既不现实也无助于稳定全球经济，就连戴高乐在向美元发起挑战时其本意也不是要彻底击垮美元推翻布雷顿森林体系，而是想通过这种激烈的手段把

---

① Otmar Emminger, "Deutsche Geld-und Waehrungspolitik im Spannungsfeld zwischen innerem und aeusserem Gleichgewicht (1948 – 1975)", in Deutsche Bundesbank (Hrsg): *Waehrung und Wirschaft in Deutschland 1876 – 1975*, Frankfurt, pp. 485 – 487.

第三章　去美元化：马克主导下的欧洲货币联盟

美国逼到谈判桌前，迫使美国修正布雷顿森林体系，建立一个更为合理的全球性货币秩序，虽然戴高乐的这一行动所造成的客观后果是加速了布雷顿森林体系的崩溃。正是由于这一"战后共识"的存在和仍被普遍接受，欧共体在1970年10月完成，旨在为实现成员国之间的经济货币联盟而制定具体规划和措施的《维纳尔报告》并没有受到成员国的青睐，反而被认为是想法过于超前而只能暂时被束之高阁。相反，"尼克松冲击"之后仅四个月，西方主要工业国于1971年12月18日能够迅速地签订旨在挽救布雷顿森林体系的《史密森协定》，同意美国放弃兑换黄金的义务，美元对黄金和其他主要国家货币贬值，并且扩大其他国家货币与美元之间汇率波动幅度。尼克松兴奋地称之为"世界上最伟大的货币协定"，他的这一夸张性评价在后来一直受到各种嘲弄和讥讽，但是从世界货币史的角度来看尼克松的评价并非完全没有道理，因为《史密森协定》是迄今为止西方工业国之间最后一次达成的全球性货币安排，随着这一协定在运行了不到15个月后破产，欧洲国家开始逐步放弃战后"货币共识"，不再寻求与美国达成统一的全球层面的货币运行机制，不再以单方面合作的态度无条件地维护美元的绝对主导地位，而是要在美元体系之外"自立门户"建立欧洲货币体系，这一过程虽然表面上没有刀光剑影，呈现出来的只是国家间的相互谈判和讨价还价，但是从全球"货币地理"的角度看，这一转变在本质上更多是冲突而非合作，因为在货币空间一定的情况下不同货币"流通域"之间的竞争是绝对的此消彼长，是一场典型的"零和游戏"。战后"货币共识"的消解标志着欧洲和美国在货币理念上开始走上了相反的方向，德国果断地抓住了欧美这次在货币领域的分野所提供的历史机遇，极大地推进了事实上由德国马克主导下的货币一体化进程，从而深刻地改变了全球层面的国际货币权力格局。

战后"货币共识"的消解并非一夜之间发生的，它源于20世纪60年代后期西方国家普遍开始经历的通货膨胀，而欧洲和美国对此所持的

德国马克的崛起——货币国际化的政治经济学分析
The Rise of Deutsche Mark—The Political Economy Analysis on Currency Internationalization

两种完全不同的解释让彼此在国际货币问题上渐行渐远：以德国和法国为代表的欧洲大陆国家认为美国不断扩大的国际收支逆差使得储备货币的供给迅速增长，美国人以过度消费的形式将大量的美元送入欧洲，但却没有生产出相应的出口商品来使这些美元重新回流至美国，这就造成欧洲美元泛滥的状况，这为欧洲国家的货币和信贷的扩张创造了基础。布雷顿森林体系之所以崩溃并不仅仅在于外汇市场的动荡，而是因为这一体系本身就具有通货膨胀效应，一旦这种通胀效应超出了人们的承受能力就自然不可持续；[1] 而美国和英国则认为通货膨胀源自欧洲国家内部的发展，战后欧洲国家普遍经历了一个经济高速发展的"黄金时期"，这一高增长的背后是劳动力持续地从生产效率低的农业转移到高生产率的制造业和服务业中，这种劳动力的转移在20世纪60年代中期基本完成，欧洲大陆国家的经济实现了"完全就业"，国内廉价劳动力的供应开始枯竭，并在劳动力市场出现稀缺，这一变化导致工资的大幅提高和劳方谈判议价能力的加强，从纯粹的经济逻辑出发这个时候经济增长应该会放缓，并且出现失业现象，然后工资降低就业率回升从而出现新一轮增长，但这种周期性调整恰恰是战后欧洲国家所要竭力避免的，因为这将引发劳资关系紧张造成社会动荡，这正是欧洲人从两次世界大战中得出的教训。所以欧洲人的应对方式是建立"福利国家"，而这又将不可避免地使政府增加支出，进而引发通货膨胀。流入欧洲的美元仅仅是为欧洲国家的扩张性政策提供了条件，而与储备货币的供给机制没有太大关系。

从这两种截然不同的解释中，会很自然地推导出两种相异的问题解决方法。在英美看来，60—70年代的通货膨胀更多地是一种由经济运行自身的逻辑所产生的一种市场现象，也就是所谓的"成本推动型"通胀，是经济社会发展到一定阶段的必然，是可以接受的，除了顺应市场的调

---

[1] Otmar Emminger, "Inflation and the International Monetary System", Per Jaccbsson Foundation, 16 June, 1973, pp. 5–49.

第三章 去美元化：马克主导下的欧洲货币联盟

节外所能做的并不多；而在欧洲大陆国家看来，通货膨胀的根源很明确，治理它的方法也很简单：短期内是美国抑制其国内的过度需求恢复国际收支平衡，长远来看就是要限制储备货币的供应，对储备货币的发行、创造机制进行更有效的管理。欧洲人开出的"药方"是美国人绝对不能接受的，美国的目标非常明确：通过让其他国家购买和持有美元资产来解决自身逆差问题，不仅仅德国而且也要让意大利、荷兰、比利时以及英国、加拿大和日本遵守同样的游戏规则。由此，整个世界将进入美元本位，美国充当世界银行家的角色。[1] 简单地说，就是不允许任何国家染指美国所独享的国际货币权力，美国不愿意也不可能承担调节国际收支失衡的负担。欧美之间关于国际货币政策的理念在本质上是冲突且不可调和的，20世纪70年代愈演愈烈的国际性通货膨胀和美元长期的持续走弱的严峻现实，迫使欧洲人正视这一理念差异，不再幻想与美国人达成全球性的货币妥协，而是主动采取有效的行动来对此进行回应，马克主导下的欧洲货币一体化就是在这样的背景下成为现实的。

二、德国马克主导下的欧洲货币联盟

"蛇形浮动"是欧洲国家应对"尼克松冲击"所造成的国际货币体系动荡，在欧洲创造一个稳定货币区的第一步。1971年欧共体6国及其他西欧国家共17国的中央银行达成了一个欧洲货币协议，保证基本维持本国货币对美元的汇率，让汇率保持在0.75%上下浮动，如果超过这一幅度，中央银行便通过外汇买卖对市场进行干预，这样，西欧各国的货币就像一条蛇在一个隧道里游来游去。

---

[1] Memorandum for president: "US Position in Trilateral Negotiations", Feb. 23, 1967, LBJL, Bator papers, box 4. 转引自：Hubert Zimmermann, *Money and Security: Troops, Monetary Policy, and West Germany's Relations with the United States and Britain, 1950–1971*, p. 218。

但是在这个"蛇形浮动"的西欧货币安排中，美元仍然是国际间贸易、金融往来结算的参照货币①，所以它仍属于美元体系的一部分，并不能根本上消除美元币值的变化和美国货币政策调整所带来的风险。1972年是美国的大选年，从国内利益出发美国仍然奉行扩张性的货币政策，《史密森协定》中稳定美元币值的承诺无法真正落实。1972年2月，美国财长舒尔茨将黄金官价提高到一盎司42.22美元，1973年2月9日，美元再次贬值10%，此后美元贬值的趋势变得一发不可收拾，这使得1973年6月史密森体系垮台，美元汇率开始自由浮动。到了1979年初黄金的价格就已经超过了每盎司200美元，之后受到伊朗伊斯兰革命和苏联入侵阿富汗的影响，黄金价格更是在1981年1月21日达到了每盎司875美元。② 美元币值的持续动荡使得事实上以美元为参照货币的"蛇形浮动"给投机资本创造了大量可乘之机，数额巨大的美元资本为了赚取套汇利差频繁地在美国和欧洲，以及"蛇形浮动"参加国之间大规模流进流出，在这种情况下继续维持"蛇形浮动"的成本越来越大，英国、爱尔兰、意大利、法国、瑞典和挪威都曾不得不退出。同时为了缓和石油危机所造成的经济衰退，美国不顾自身逆差规模的不断累积仍然坚持宽松的货币政策和财政政策以刺激经济，这是整个20世纪70年代国际性"大通胀"（Great Inflation）（如表3-1所示）形成的一个重要原因。

在全球性"大通胀"的背景下，欧洲各国怀疑美国是否有决心紧缩货币政策，减少逆差，缓解储备大量流入世界其他地区。特别是在德国人看来，美国没有解决国际收支逆差的政治动机，美国并没有认真对待它所有关于改善国际收支逆差的声明。德国人认为死守美元体系意味着

---

① 丁一凡：《欧元时代》，中国经济出版社1999年版，第34—36页。

② Harold James, *International Monetary Cooperation Since Bretton Woods*, Internatinoal Monetary Fund and Oxford University Press, 1996, p. 304.

第三章 去美元化:马克主导下的欧洲货币联盟

表3-1 20世纪70年代各国通货膨胀率(%)

国家\年份	1971	1972	1973	1974	1975	1976	1977	1978	1979	1980	平均值
智利	20.1	77.8	352.8	504.7	374.7	211.9	92	40.1	33.4	35.1	174.26
以色列	12	12.9	20	39.7	39.3	31.3	34.6	50.6	78.3	131	44.97
土耳其	19	15.4	13.9	23.9	21.2	17.5	26	61.9	63.5	94.3	35.66
葡萄牙1	11.9	10.7	13	25.1	15.3	21.1	33.1	22.6	23.6	16.6	19.3
墨西哥	5.5	4.9	12.1	23.8	14.9	15.8	29.1	17.5	18.2	26.4	16.82
西班牙	8.2	8.3	11.4	15.7	17	17.6	24.5	19.8	15.7	15.6	15.38
韩国	13.5	11.7	3.2	24.3	25.2	15.3	10.1	14.5	18.3	28.7	15.03
希腊	3.3	4.3	15.4	26.6	13.6	13	12.4	12.6	19.1	24.7	14.5
意大利	4.8	5.7	10.8	19.2	17	16.6	17.1	12.1	14.8	21.1	13.92
英国	9.4	7.1	9.2	16	24.2	16.6	15.8	8.3	13.4	18	13.8
新西兰	10.4	6.9	8.2	11.1	14.7	16.9	14.4	12	13.7	17.2	12.55
芬兰	6.5	6.7	10.8	16.9	17.8	14.3	11.8	7.8	7.5	11.6	11.17
澳大利亚	6	6	9.2	15.2	15.2	13.4	12.3	8	9.1	10.2	10.47
丹麦	5.9	6.6	9.3	15.3	9.6	9	10.9	10.2	9.6	12.3	9.87
法国	5.4	6.1	7.4	13.6	11.7	9.6	9.5	9.3	10.6	13.6	9.68
瑞典	7.4	6	6.7	9.9	9.8	10.2	11.4	10	7.2	13.7	9.23
日本	6.4	4.8	11.6	23.2	11.8	9.4	8.1	4.2	3.7	7.8	9.1
挪威	6.2	7.3	7.4	9.4	11.7	9.2	9.1	8.2	4.7	10.9	8.41
加拿大	2.7	5	7.5	11	10.7	7.5	8	9	9.1	10.1	8.06
美国	4.3	3.3	6.2	11.1	9.1	5.7	6.5	7.6	11.3	13.5	7.86
比利时	4.3	5.4	7	12.7	12.8	9.1	7.1	4.5	4.5	6.6	7.4
荷兰	7.5	7.8	8	9.6	10.2	9	6.4	4.1	4.2	6.5	7.31
卢森堡	4.7	5.2	6.1	9.5	10.7	9.8	6.7	3.1	4.5	6.3	6.66
奥地利	4.7	6.4	7.5	9.5	8.4	7.3	5.5	3.6	3.7	6.3	6.29
德国	5.2	5.5	7	7	5.9	4.2	3.7	2.7	4	5.4	5.06
瑞士	6.6	6.7	8.8	9.8	6.7	1.7	1.3	1	3.6	4	5.02

数据来源:OECD. Stat

德国马克的崛起——货币国际化的政治经济学分析
The Rise of Deutsche Mark—The Political Economy Analysis on Currency Internationalization

其他国家美元储备尤其是欧洲的美元储备继续上升,投机者就会相信现有汇率已经不合适且必然改变,从而大举抛售美元买入马克。如果不对此采取任何措施,欧洲尤其是德国货币当局必然面临持续货币创造的局面。美元大规模流入,即使不是通货膨胀的重要原因,对抗通货膨胀的斗争也会因此而更加艰难。① 在美元"一币独大"的国际货币体系框架下与美国达成稳定货币协定,无异于与虎谋皮,美国不可能接受调节国际经济失衡的负担。唯一的出路就在于使欧洲经济逐步减少直至彻底摆脱美元的影响,也就是需要一个"去美元化"的过程。德国人的考虑也代表了当时许多欧洲人的想法,整个20世纪70年代美元的持续贬值和美国淡漠其国际义务的对外货币政策虽然让欧洲各国经济备受煎熬,但却为欧洲"去美元化"进程的实质性启动和开展提供了动力。在1978年初德国总理施密特就决定要倡议在欧洲建立一个货币稳定区,在1978年2月28日的波恩峰会上施密特告诉时任欧共体委员会主席詹金斯,为了应对美元问题他将在下次哥本哈根峰会上提议采取迈向货币联盟的重要一步,将欧共体国家的货币储备放进一个共同的池子里,如果其他国家同意这么做,一个欧洲货币集团(A European Monetary Bloc)将形成。② 1978年3月,法国总统德斯坦向德国总理施密特提议在欧洲建立一个比"蛇形浮动"更为稳定的货币体系,这正中施密特下怀,他当即表示同意。德斯坦提出这一建议主要是想解决三个问题。首先,在整个70年代法郎很不稳定屡次受到来自资本市场的冲击,法国经济不断地遭受着法郎贬值和通货膨胀循环交替的折磨,法国希望通过建立一个欧洲范围的货币体系使法郎能够有效避免来自外部的冲击,从而改变法国国内财政

---

① 〔加〕蒙代尔:《蒙代尔经济学文集第六卷——国际货币:过去、现在和未来》,向松祚译,中国金融出版社2003年版,第151—152页。

② Edmund Dell, "Britain and Origins of the European Monetary System", in *Contemporary European History*, Vol. 3, No. 1, 1994, pp. 1 – 2.

第三章　去美元化：马克主导下的欧洲货币联盟

纪律松弛通货膨胀居高不下的局面；其次，在通货膨胀率高企的70年代，德国的通胀率是西方主要发达经济体中最低的（如表3-1所示）①，其货币的购买力也最为稳定。成功地避免了70年代的"大通胀"给德国赢得了世界性的声誉②，许多欧洲国家主动将其汇率与德国马克挂钩，这让马克成为"蛇形浮动"体系中的天然领导者。在这种形势下，当德国根据本国经济状况调整货币政策的时候，包括法国在内其他欧洲国家也不得不被动跟随。相反，法国却没有办法让德国的货币政策配合其国内经济的发展，德国也没有这个义务，所以法国希望在欧洲建立一个更为对称的货币体系，能够平衡和约束德国人手中不断扩大的"货币权力"。最后，德斯坦担任过戴高乐政府的财政部长，亲身经历了20世纪60年代中后期法美之间的"货币战争"，他非常清楚直接去挑战美元的主导地位是一条走不通的"死胡同"，更有效、阻力更小的路径是避开与美元的直接冲突，在美元体系之外"另起炉灶"，在美元和欧洲国家货币之间建立起一道防火墙，从而达到隔离美元风险的效果。德斯坦的倡议之所以被施密特很痛快地接受其原因也在于这一倡议有利于解决德国所面临的国内难题。首先，解决美元持续贬值所带来的马克升值压力。从1977年开始卡特政府采取了刺激需求的政策，美元又开始了新一轮贬值，在施密特看来，卡特政府时期的美元政策变成了"恶意伤害"。③ 为了维持马克汇率的稳定，在1977年的前九个月里德国投入了20亿马克进行干预，而在之后的半年时间里，干预的金额就增加到了170亿马克。在美元又恢复了一段时间后，1978年下半年美元又贬值，德国中央银行联合瑞士

---

① 瑞士的通胀率在有些年份还低于德国，但瑞士经济规模小不具备德国那样的世界影响力。
② Andreas Beyer, Vitor Gaspar, Christina Gerberding and Otmar Issing, "Opting out of the Great Inflation: German Monetary Policy after the Break Down of Bretton Woods", in European Central Bank, Working Paper No. 1020/March, 2009, p. 15.
③ 〔英〕戴维·马什:《欧元的故事：一个全球货币的激荡岁月》，向松祚、宋姗姗译，机械工业出版社2011年版，第72页。

德国马克的崛起——货币国际化的政治经济学分析
The Rise of Deutsche Mark—The Political Economy Analysis on Currency Internationalization

国民银行又投入了170亿马克进行干预,然后收效甚微。① 这让马克一方面承受升值的压力,而另一方面频繁地干预导致德国被动地大量买进美元卖出马克,等于是创造了大量的基础货币,国内通货膨胀风险加大。通过建立欧洲货币体系可以将马克升值的压力转嫁到体系内的其他国家,可以避免马克单方面持续升值而削弱德国工业在国际市场中的竞争力。同时,欧洲货币体系内国家之间汇率的稳定可以有效地阻止全球过剩美元对马克的投机,减少德国在外汇市场的干预。其次,由于德国持续、大量的贸易顺差,不仅美国而且欧洲国家也向德国施加压力②,敦促德国刺激国内需求削减贸易盈余,让德国承担调节国际经济失衡的负担,而这恰恰是德国所不情愿做的。建立欧洲货币体系可以名正言顺地将调节负担合理地分配给体系内其他国家,从而避免激化与欧洲伙伴国的贸易摩擦。最后,施密特与时任美国总统卡特之间出现了严重的信任问题,这让他最终下定决心迈出"去美元化"的实质性一步。卡特曾经宣布要为驻欧美军配备中子弹,施密特原本反对这一计划,但是为了避免在美国和德国之间制造严重纠纷的风险,施密特在自己所属的社民党和其他反对党中做了大量说服工作,最终让德国朝野接受美国的计划,但是在最后一刻卡特自己改变了主意取消了部署中子弹的计划,这让施密特非常愤怒。他曾私下对德斯坦说:"他没有表示歉意,也没有对我作任何解释。他没有意识到他这样一来使我处于一种什么样的境地,我作为总理,做了那么多工作,全是徒劳无功。而且他后来也没再打给我电话。"这一事件对施密特产生了很大影响,使其重新思考德美关系,当德斯坦询问

---

① 〔美〕巴里·艾肯格林:《资本全球化:国际货币体系史》,彭兴韵译,上海人民出版社2009年版,第143—144页。
② Robert D. Putnam, Randall Henning, "The Bonn Summit of 1978: A Case Study in Coordination", in *Can Nations Agree? Issues in International Economic Cooperation*, Washington, D. C., Brookings Institution, 1989, p. 54.

第三章　去美元化：马克主导下的欧洲货币联盟

他为何德美关系的气氛不像从前了，施密特曾负气地说："在过去这些年中，美国人已习惯于他们一吹口哨，德国人马上就到。他们知道我们离不了他们。但现在德国变了，德国已重新建设起来，恢复了经济活力，从而也恢复了自己的尊严。应该让美国人不要再以为他们只需对我们发号施令，我们就会服从。"后来德斯坦承认：（施密特的）这种心态还是为我们共同着手的欧洲联合的未来两个阶段——货币联合和防务联合——又减少了一些受约束的因素。①

三、马克国际化的制度保证和政治合法性

在欧洲人已经放弃货币安排上与美国人事实上达成的"战后共识"的背景下，"施密特—德斯坦倡议"顺利获得其他欧共体成员国的赞同，1978年7月欧共体领导人在德国不来梅召开会议，决定成立欧洲货币体系，1979年3月13日欧洲货币体系正式启动。与之前的"蛇形浮动"相比欧洲货币体系有了两个根本性的变革：首先，欧洲货币体系实质上贯彻了"去美元化"原则。成员国货币的汇率变动不再以美元为参照，而是以"欧洲货币单位"（埃居，European Currency Unit）为中心，成员国之间的结算使用埃居，由此埃居成为成员国外汇储备的构成部分，为了保持汇率的稳定，成员国之间建立了中短期融资机制，保证成员国有足够的能力在外汇市场出现动荡时及时有效地进行干预。这意味着美元作为国际货币所承担的三种基本职能在欧共体国家内已经被弱化和逐步取代，美元的"流通域"在欧洲大陆被严重挤压。所以，在欧洲货币体系建立之初美国人就认为埃居的危险在于不仅是对美元还是对SDR，它

---

① 〔法〕吉斯卡尔·德斯坦：《德斯坦回忆录——政权与人生》，侯贵信译，世界知识出版社1991年版，第92—93页。

都将成为一个潜在的强有力的竞争对手。① 其次，欧洲货币体系的建立相当于从法律上和制度上保证和确立了德国马克作为国际货币的地位。由于马克币值的稳定和其在构成埃居的"货币篮子"中占据优势的权重，欧洲货币体系所规定的成员国货币汇率与埃居固定，在实际运行中变成了与德国马克固定，并且成员国有义务要维护这一固定汇率。这降低了德国马克与其他欧洲国家货币间的易变性（Volatility），外汇交易者使用德国马克的成本大大降低。

马克具有的这一优势使其从 20 世纪 80 年代中后期开始逐步取代美元成为欧洲外汇市场中最重要的"工具货币"（Vehicle Currency），而在这之前美元一直是欧洲外汇市场交易中能够承担这一职能的唯一货币。这表示如果一家银行要将客户的法国法郎兑换为意大利里拉，这家银行将在银行间市场先卖出这些法郎换回德国马克，然后再用这些马克买回里拉，而在之前都是通过美元来买卖外汇。从 1989 年到 1992 年德国马克在全球货币市场上的日均交易量从 2470 亿美元上升到 4610 亿美元，增长了 87%，同期美元增长了 11%，而日元仅仅增长了 1%；从 1989 年到 1995 年美元在全球货币市场中的份额从 90% 下降到 83.3%，同期德国马克的份额从 27% 上升到 36.1%（因为每次交易涉及两种货币，所以总份额为 200%）。② 德国马克的在欧洲的优势地位使其很快成为国际投资和外国官方储备中的举足轻重的货币，根据德国中央银行的统计在 1980 年国外持有的以马克计价的金融资产还不到 3000 亿马克，而到了 1996 年 7 月已经超过了 1.4 万亿马克。马克在各国官方储备中的份额在

---

① Benjamin J. Cohen, "The European Monetary System: An Outsider's View", *Essays in International Finance* No. 142, June 1981, International Finance Section, Princeton University, p. 21.

② Soko Tannka, "A Comparison of the European International Currencies: The Euro and the Duetsche Mark", Paper presendted for the first international workshop of the joint research group "EU Economy" of EUIJ Tokyo Consortium at Hitltsubashi University on Sepetember 23, 2006, pp. 4–8.

第三章 去美元化：马克主导下的欧洲货币联盟

短短五年的时间内从1985年的12%左右，到1990年迅速上升到19%左右。①

德国总理施密特在说服德国联邦银行支持建立欧洲货币体系时曾说："那将是唯一的机会，可以防止马克逐渐成为仅次于美元的全球储备货币。那将会防止马克逐渐占据全球储备货币越来越大的份额，以及由此给德国所带来的所有危险。"② 作为亲身参加过"二战"的德国领导人施密特所说的"危险"是指德国的强大和单边主义路线给邻国带来的恐惧和不安，以及由此所导致的德国在欧洲陷入被孤立和遏制的不利境地。这种地缘政治考虑是德国传统的外交理念，可以一直追溯到德意志帝国第一任首相俾斯麦③，也是被战后自阿登纳以来历任德国领导人所遵循的对外关系原则。同时，对于施密特而言货币政策是实施外交政策的一种工具，他的目标是推进欧洲一体化和加强欧洲对美国的地位。④ 事实证明施密特的这一战略得以成功实现，欧洲货币体系的建立不仅大大推进了欧洲一体化进程，同时也将"美元势力"逐步"驱逐出"欧洲大陆，欧洲在货币领域摆脱了单方面对美元的依赖。但是与施密特的初衷相反，欧洲货币体系的建立让德国马克成为了名副其实的国际货币，欧共体国

---

① Deutsche Bundesbank, "Die Rolle der D-Mark als internationale Anlage-und Reservewaerhung", *Monatsbericht*, April 1997, pp. 18 – 28.
② 〔英〕戴维·马什：《欧元的故事：一个全球货币的激荡岁月》，向松祚、宋姗姗译，机械工业出版社2011年版，第72页。
③ 在通过战争方式完成了德国统一之后，俾斯麦曾说："实现了国家的统一后，我的理想一向是不仅要取得欧洲弱小国家的信任，而且要取得大国的信任，使它们相信，德国政策在纠正时代的错误，即民族分裂之后，它所要求的是和平和正义。"参见〔德〕奥托·冯·俾斯麦：《思考与回忆》第二卷，山西大学外语系译，东方出版社1985年版，第205页。
④ Manfred J. Neumann, "Monetary Stability: Threat and Proven Response", in the Deutsche Bundesbank (eds.), *Fifty Years of the Deutsche Mark: Central Bank and the Currency in Germany since 1948*, Oxford University Press, 1999, p. 299.

家也从以前的"美元区"逐渐变成了"马克区"①，每次德国调整其货币政策其他国家都不得不被动跟随，德国具有了影响他国经济政策的能力。但是施密特所担心的"危险"并没有出现，因为在欧洲货币一体化的掩护之下，德国"国际货币权力"的扩张具备了合法性和制度性的依托，避免了德国马克崛起所带来的其他国家的种种猜忌和不安给德国未来发展可能造成的风险和阻碍。

---

① Otmar Issing, *The Birth of the Euro*, Cambridge University Press, 2008, p. 6.

第四章　创建欧元：马克国际化的"升级版"

一、欧元诞生的"特里芬理论"

关于欧元问世的原因，主流的解释基本上都会归结到蒙代尔在1961年最早提出的"最优货币区"理论，蒙代尔在欧元诞生的1999年凭此理论获得诺贝尔经济学奖并非只是一种巧合，更应该是国际主流学术界对"最优货币区"理论解释力的一种认可，并把"欧元诞生"这一历史事件看作是为这一理论提供了完美证明，而国内更是有很多媒体称蒙代尔为"欧元之父"。"最优货币区理论"的核心思想是，如果一个区域内的生产要素能够自由流通，那么这个区域就是"最优货币区"，使用同一种货币是最有效率的。在这一理论中"最优货币区"的边界和"主权国家"的边界是没有任何直接联系的①，前者仅仅是一个地理概念，并不一定与后者重合；而生产和交易成本最小化是向"最优货币区"演变的根本动力。由此可以推演出如果一个国家疆域广大而且各地经济发展不平衡，那么在一个国家内部划分出不同的"最优货币区"，并让他们使用不同的货币，从而这一国家的经济发展也就更为有效率。很显然，当今世界中并不存在这样一个多种货币共同流通的国家，"最优货

---

① Charles A. E. Goodhart, "The Two Concepts of Money: Implications for the Analysis of Optimal Currency Areas", p. 420.

德国马克的崛起——货币国际化的政治经济学分析
The Rise of Deutsche Mark—The Political Economy Analysis on Currency Internationalization

币区理论"论证了浮动汇率与生产要素自由流动之间存在的相互替代关系,这是它的一大贡献,并且据此描述了一种在技术上可行的理想状态(在"最优货币区"内使用同一种货币),但这种理想状态在现实中之所以很难找到对应,就在于货币的创建与国家主权之间的关系是密不可分的,"主权国家"往往决定了货币流通的边界和势力范围。即使能够证明欧元区国家是一个"最优货币区"①,需要使用同一种货币,那么完成这一目标最为有效率的经济手段莫过于各成员国首先放弃使用本国货币,统一改为使用德国马克,同时各成员国可以派出自己的代表加入德国联邦银行董事会②,因为德国马克事实上是欧洲的主导货币也是继美元之后全球第二大储备货币,直接使用马克比另外创建欧元所花费的成本要低很多,所承担的风险也小很多,但在政治上明显是一个不可接受的选项。

在"最优货币区"理论的逻辑中,统一货币被看作是市场自身在私人部门追求交易成本最小化的动力驱动之下自然演变的结果,这一解释实际上是从"统一货币能带来经济收益"一步到位地直接推导出"统一货币产生",而对将这两者联系起来的具体演化过程语焉不详,从这点讲"最优货币区理论"更多地是为能否实施统一货币提供了一种理论上的评判标准,而对于现实世界中统一货币能够实质启动的"初始条件"、"根本动力"和"实施机制"等问题的回答则缺乏必要的解释力。而货币统

---

① 学术界对于欧洲(特别是欧盟成员国)是否是一个"最优货币区"存在很多分歧,并且"最优货币区理论"本身也没有提供一个正式的检验标准来对其提出的假说进行验证。Eichengreen 以内部真实汇率易变性、证券价格波动和劳动力流动程度为指标来比较美国和欧盟国家,发现如果以劳动力自由流动程度和相对价格稳定来衡量是否符合"最优货币区"的标准,那么欧盟国家远远落后于美国。参见 Eichengreen Barry, *European Monetary Unification*: *Theory*, *Practice and Analysis*, The MIT Press, 1997, pp. 51 – 71。

② Charles A. E. Goodhart, "The DM and the Future of the Euro", in Jens Hoelscher (eds.), *50 Years of the German Mark*, *Essays in Honour of Stephen F. Frowen*, Palgrave, 2001, p. 4.

第四章　创建欧元：马克国际化的"升级版"

一的"特里芬理论"则在这方面更胜一筹①，在特里芬看来货币统一本身并不复杂，并不需要在民族国家层面实现价格、成本、工资、劳动生产率和生活水平的完全统一，正如一个国家内部不同地区之间仍然会存在这些方面的差异一样；同时，货币统一也不需要成员国之间的预算、经济或者社会政策要均等化和一致化，成员国具体政策的多样性是货币联盟内部的一个均衡因素而不是非均衡因素，只要这种差异与其经济结构、资源和劳动生产率相一致。统一货币之所以被需要或者能够出现并不是市场自身的演变的结果，而是因为它是解决问题的方法，是一种特殊的工具。在各个民族国家的货币完全可以自由兑换，并且推行自由贸易的条件下，那么不可避免一些国家的国际收支出现盈余而另一些则是赤字，一旦不能及时对这种失衡进行调节，那么当其规模累积到一定程度时将会对整个世界经济运行造成巨大的破坏作用。而统一货币在本质

---

① 特里芬最为人所熟知的是他对布雷顿森林体系固有弱点的分析，这一思想主要体现在其1960年出版的《黄金与美元危机》一书，并以"特里芬两难"闻名于世。但很多人忽视了他的另一主要研究领域：地区货币一体化。特里芬是比利时人所以对于欧洲货币的一体化非常热心，早在1957年他就在其著作中论述了欧洲统一货币的必要性，并且勾勒出了具体的路线图。他参与创建了战后欧洲支付同盟（EPU），并且参加了让·莫奈组建的欧洲合众国行动委员会，并担任其在欧洲货币统一问题上的顾问。1977年他提前从耶鲁大学退休回到比利时，并且将国籍从美国又改回比利时，全力投入到欧洲货币一体化的进程中，他担任了时任欧共体委员会主席詹金斯的顾问，他认为对付美国需要胡萝卜加大棒，胡萝卜就是统一市场；大棒就是共同货币。詹金斯1977年在佛罗伦萨发表的重启欧洲货币一体化的演讲就是出自他之手，特里芬还参加了之后欧洲货币体系的建立，包括欧洲货币局首任局长亚历山大·拉玛法鲁斯（Alexandre Lanfalussy）在内的许多欧洲政治精英都深受特里芬欧洲统一货币思想的影响，从某种意义上说特里芬才是真正的"欧元之父"。货币一体化的"特里芬理论"是笔者对其货币一体化思想的一种概况，相关内容可以参考：Robert Triffin, *Europe and the Money Muddle：From Bilateralism to Near-Convertibility, 1947 - 1956*, New Haven, Yale University Press, 1957, pp. 269 - 294；关于特里芬对于欧洲货币一体化的理论和政策建议方面的贡献，可以参考：Ivo Maes, "The Evolution of Alexandre Lamfalussy's Thought on European Monetary Intergration (1961 - 1993)", Paper prepared for the 31st Aphes Conference, Coimbra, 18 - 19 November, 2011, pp. 6 - 30; Christian Ghymers, *Fostering Economic Policy Coordination in Latin America：The REDIMA Approach to Escaping the Prisoner's Dilemma*, United Nations, ECLAC, Santiago, Chile, April 2005, pp. 48 - 52; Jan Joost Teunissen, "The International Monetary Crunch：Crisis or Scandal？", in *Alternatives*, Volume XI, No. 3, July 1987, pp. 359 - 395。

德国马克的崛起——货币国际化的政治经济学分析
The Rise of Deutsche Mark—The Political Economy Analysis on Currency Internationalization

上是建立一个多边的清算支付系统，以便更好地应对国际收支失衡，在这一点上特里芬实际上是继承了凯恩斯的思想。但调节国际收支失衡本身是一个财富和资源的再分配过程，涉及到了方方面面的利益权衡，是一个政治问题。所以特里芬认为实行统一货币的动力和障碍本质上都是政治，假设在建立欧洲联邦这样一个更为广阔的背景下来推动货币统一，那么其实是不会遇到太大困难的。由此，特里芬很自然地得出结论：推动货币统一的根本路径在于国家间的共识和政策协调，是在于政治。从历史经验来看，德国马克过渡到欧元正是这样一个过程。

1979年建立的欧洲货币体系从宏观经济层面来看是相当成功的，一方面成员国国内物价水平稳定，通胀率大幅下降，普遍从70年代的"大通胀"中走了出来；另一方面成员国之间汇率保持了基本稳定。但是欧洲货币体系却大大强化了德国马克的主导地位，成员国的货币政策实际上都要听从德国联邦银行的指挥。特别是1985年《广场协议》之后德国马克对美元大幅升值，而德国联邦银行为了避免出现国内经济过热的情况，随即又提高了利率，欧洲货币体系内的其他成员不得不一起与德国实施紧缩措施，这相当于他们主动地分担了德国调节经济的成本，同时不得不牺牲自己追求经济增长的偏好而满足德国追求经济稳定和严格财政纪律的政策偏好。许多成员国都认为这种严格的政策适合德国却并不适合他们，但是只要欧洲货币体系这一制度性安排还被其成员国所接受和遵循，德国的这种优势地位就是不可动摇的。法国对于欧洲货币体系调节机制的这种不对称性以及由此而日渐确立的德国"货币霸权"更为敏感，时任法国总理的巴拉迪尔认为"在这种情况下，我们必须找到一种新的制度"，更具体地说就是要确保法国能够在由德国单独掌控的欧洲货币事务上发出自己的声音，并且拥有否决权[①]，矫正法国和德国在货币

---

① Eichengreen Barry, *The European Economy since 1945: Coordinated Capitalism and Beyond*, Princeton University Press, 2007, p. 350.

第四章 创建欧元：马克国际化的"升级版"

权力上的失衡状况也就成为了密特朗政府时期需要优先处理的议题。① 历史往往会不断地重复自己。当苏联在1949年成功地爆炸了第一颗原子弹，并且在接下来的1950年又爆发了朝鲜战争，这让当时西方阵营感觉苏联红军长驱直入欧洲不再仅仅是可能，而是一种现实的威胁。由此，英美决心重新武装德国，但这一计划所带来的德国在军事上重新崛起无疑是法国人的一个噩梦，法国的应对之策是在1950年提出的"舒曼计划"，倡议将两国的战争物资——煤和铁——置于共同的管理之下，实行煤钢联营，从而避免两国间再次爆发战争，之后建立煤钢共同体则开启了欧洲一体化的进程。在平衡德国人"货币权力"的问题上，法国人遵循了1950年"舒曼计划"中所蕴含的逻辑——建立货币联盟，将德国的货币主权置于欧共体成员国的共同管理之下。

从1988年起法德就建立货币联盟问题开始了新一轮磋商，并且密特朗政府积极游说其他成员国同意其建立货币联盟的倡议。在当年6月举行的汉诺威欧共体首脑峰会上，决定委托时任欧共体委员会主席德洛尔组织专家小组研究和制定出实现经货联盟的具体建议。在1989年6月欧共体国家通过了德洛尔提出的在20年内分三个阶段实现经济货币联盟的计划，史称"德洛尔计划"，但它是并没有制定具体的时间表。然而1990年德国的统一打乱了"德洛尔计划"中规定的进度和安排，极大地加快了货币联盟付诸实施的速度，这是因为德国的统一改变了整个欧洲的安全格局，欧洲国家害怕统一后的德国脱离欧洲一体化的轨道，威胁到整个欧洲的安全。与煤和钢一样，货币也是一种战争物资。主权国家垄断货币发行这一历史现象，其起源并不在于货币的生产是一种自然垄断行业，由国家统一掌管可以产生规模经济的效应，或者说由私人发行货币在技术手段上存在不可逾越的难题，其关键在于货币发行与国防和

---

① Michael Sutton, *France and the Construction of European 1944 – 2007: The Geopolitical Imperative*, Berghahn Books, 2007, p. 209.

安全是密切联系在一起的，国家需要保留这一垄断权力以便在应对来自国内和国外的安全威胁之时能够及时、有效、充分地动员和筹集各种军需资源和财富。① 发动任何一场战争都需要货币来为战争融资，这就是为什么在历史上战争总是与通货膨胀如影相随。在丧失了货币发行权的情况下，发动战争基本是不可能的；反过来也可以说，如果不打算再进行战争，那么放弃货币主权也就成为了一个具有可行性的选项。从这种意义上讲，放弃本国货币改为使用集体管理之下的一种新的共同货币也就意味着一种声明和承诺：将本国的安全和防卫置于使用共同货币的成员国集体监督之下。这就可以理解为什么在德国统一后的第一年，也就是1991年欧共体首脑就迅速签署了《欧洲联盟条约》（因为条约签署地为荷兰的马斯特里赫特，所以简称为"马约"）成立欧洲联盟，并且其中关于货币部分的规定最为清晰明确，没有任何的含糊和外交辞令，还为统一货币定下了具体的时间表，要求所有欧盟成员都必须履行使用统一货币——欧元的义务。所以，欧元的创建超越了单纯的经济利益，超越了法德的"货币权力"之争，它是欧洲实现持久和平的奠基石。正是在这一理念的感召之下，德国才能与包括法国在内的其他成员国在建立货币联盟的问题上相互妥协，达成以"货币换安全"为基础的协议，共同创建欧元。

二、披上"欧元"外衣的德国马克

欧元的诞生表面上宣告德国马克退出了历史舞台，但实际上德国马克从未消失，欧元在本质上是马克存在的另一种形式，它反而进一步放

---

① David Glasner, "An Evolutionary Theory of the State Monopoly over Money", in Kevin Dowd, Richard H. Timberlake (eds.), *Money and the Nation State: The Financial Revolution, Government and the World Monetary System*, Transaction Publishers, 1998, pp. 21–45.

第四章 创建欧元：马克国际化的"升级版"

大了原先德国所拥有的"国际货币权力"。第一，欧元的治理模式和货币政策理念完全是德国化的。在《马斯特里赫特条约》的谈判中德国坚持欧洲中央银行的独立性，使其不受成员国和欧盟行政机关的政治影响，这一方面是德国人想整体移植德国联邦银行的模式，保证自己对未来共同货币的控制力，使德国的"国际货币权力"不会因共同货币的引入而受到侵蚀。另一方面也是为了防止其他成员国干涉欧元的运行，在货币问题上占有比德国更多的发言权。把保持物价稳定作为欧洲央行唯一的货币政策目标并以法律的形式确定下来，这反映的正是德国人的政策偏好。在这样的框架之下，德国在货币政策领域获得了与马克时期类似的宏观经济环境。

战后，欧洲大陆出现了两种中央银行模式。一种是英法模式（Anglo-French model），另一种是德国模式（German model）。其差异主要表现在两个方面：一是中央银行追求的政策目标，二是规范中央银行运行原则的制度设计。在英法模式中，中央银行要实现多个目标，诸如稳定物价、烫平经济周期、维持充分就业、实现金融稳定。在该模式中，物价稳定只是其中的一个目标，并不具有任何优先地位。德国模式则不同，它以物价稳定作为中央银行的首要目标。尽管说中央银行还要实现其他目标，然而这是以不危及物价稳定为先决条件；在中央银行的制度设计方面，英法模式的典型特征就是中央银行具有政治依赖性，即货币政策的决定要经过政府（财政部长）的批准。德国模式则表现迥异，其指导原则就是中央银行必须保持政治独立性。中央银行自主决定有关利率政策，没有来自政治当局的干扰。这一原则体现在中央银行有关的法律当中，并且中央银行当局小心谨慎地维护其独立性。在《马斯特里赫特条约》的谈判中，欧盟各国最终采用了德国模式作为欧洲中央银行的设计蓝本，根据《马斯特里赫特条约》制定的欧洲中央银行的法律条款就清楚地体现了这一点。例如，第一百零五条规定，欧洲中央银行的首要目标就是维持物价稳定，该条款还规定，在不损于物价稳定的前提下，为促进第二条规定的共同体的发展，欧洲中央银行应该支持欧盟总体的经济政策。《马斯特里赫特条约》第二条规定的一般经济目标，其中就包括"高就业水平"。所以《马斯特里赫特条约》认为欧洲中央银行有必要追求其他目标。不过，这些目标被视为是第二位的，即不应与物价稳定这一首要目标相冲突。

《马斯特里赫特条约》也非常明确地规定了欧洲中央银行的政治独立性。第一百零七条以非常肯定的表述规定了这一原则：欧洲中央银行、各成员国中央银行，以及任何决策执行机构的人员，在执行或实施《马斯特里赫特条约》赋予的权力与义务时，均不得寻求或接受来自欧盟或者欧盟各机构、任何成员国政府，以及任何其他机构的指示。《马斯特里赫特条约》认为中央银行的政治独立性是确保物价稳定的必要条件，因为缺乏政治独立性，中央银行会被迫以印钞方式为政府财政赤字融资。这肯定会引发通货膨胀，为了防止这一情况的发生，《马斯特里赫特条约》第一百零四条第一款规定：欧洲中央银行或成员国中央银行不得对欧盟及其各机构、各国中央政府、地方当局和公共部门提供赤字融资或其他任何形式的信贷便利，欧洲中央银行或各国中央银行亦不得直接购买上述机构发行的债务工具。在政治独立性与防止央行为各国政府直接融资方面，欧洲央行所获得的法律保障要超过德国联邦中央银行，因为德国议会只要简单多数就可以修改法律，改变甚至取消德国中央银行的政治独立性，而欧洲中央银行的相关法律则很难改变，这需要在所有成员国一致同意的基础上重新修订欧盟条约。所以，从中央银行的政策目标和制度设计这两方面来讲，欧洲中央银行实际上就是以德国联邦中央银行为蓝本而建立起来的。①

第二，德国工业的竞争力被大大强化。欧元的引入一劳永逸地消除

---

① 关于欧洲中央银行以德国联邦中央银行为蓝本的相关论述，本书主要参考：〔比〕保罗·德·格劳威：《货币联盟经济学》，汪洋译，中国财政经济出版社2004年版，第129—130页。

第四章 创建欧元：马克国际化的"升级版"

了欧盟统一大市场内部的汇率风险，并且实质等于让德国获得了相对"便宜"的汇率。同时其在欧盟中的竞争对手无法再通过货币贬值来赢得对"德国制造"的价格优势，如果说在"欧洲货币体系"的框架下其他成员国还具有退出汇率平价的权利，运用货币贬值的手段刺激本国的出口，那么欧元的使用几乎是不可逆的，由于不可估量的风险和成本，成员国退出欧元区的概率非常微小，这为"德国制造"彻底地消除了成员国之间"竞相贬值"所带来的风险，让原本就强大的德国工业的竞争力得到了极大的提升。所以，"德国制造"在欧元正式进入流通之后迅速地占据了欧盟市场中的主导地位，保证了德国经济的强劲增长。从图4-1可以看出，在欧元引入之前德国的贸易盈余在欧元区国家总量中的比重并不大，并且增长幅度较为平稳，当时欧元区其他国家大多处于顺差或者贸易平衡的状态。而在欧元引入之后德国的贸易盈余出现了跳跃式增长，在欧元区贸易盈余总量中的比重急剧增加，并且德国的贸易盈余已经超过了欧元区总量，这说明此时欧元区中许多国家已处于逆差状态。图4-2则为这一变化提供了解释，数据显示在欧元启动之后德国贸易盈余来自欧盟成员国的部分不断增长，并且在全球金融危机爆发前的2007年达到顶峰，占到了其贸易盈余总额的60%左右。而仅欧元区国家就吸纳了德国出口总量的近50%。[①] 这说明欧元引入后欧盟内部经济出现了不平衡的状况，一方面是德国积累了大量的贸易盈余，另一方面是其他成员国不断增加的逆差，而正是这些逆差构成了德国顺差的重要来源，这反映出的是"德国制造"已经牢牢地确立了在欧盟市场中的领先地位。欧元让德国经济享受到比马克时期更多的竞争优势，所以当年德国工业界是统一货币坚定的支持者，并且积极地游说科尔政府接受欧元。

---

① Mattias Vermeiren, Monetary Power and Eurrope: "EMU's Role in Global Monetary Governance", Paper presented at the annual meeting of the International Studies Association Annual Conference "Global Governance: Political Authority in Transition", Quebec, December 1, 2011, p.14.

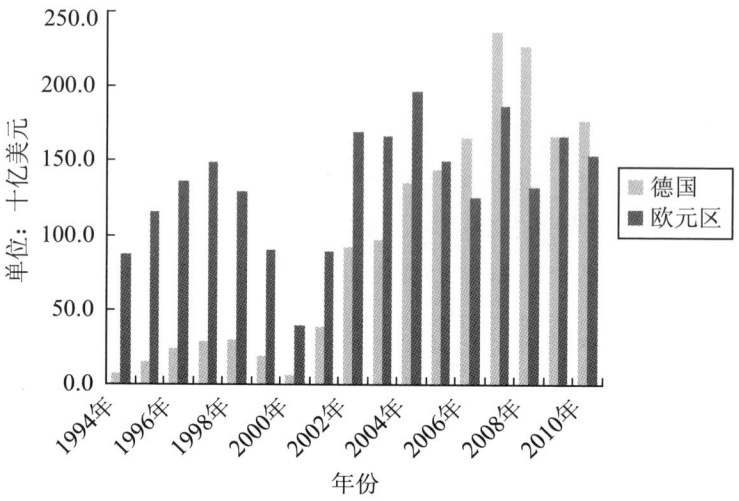

图4-1 1994—2010年德国和欧元国家贸易盈余的变化

数据来源：OECD, *Economic Outlook*, Issue 2, No. 90, 2011.

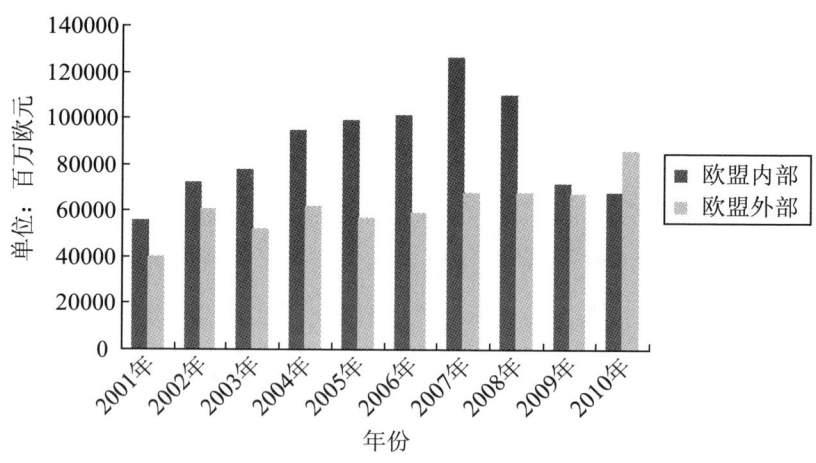

图4-2 2001—2010年德国贸易顺差的来源结构

数据来源：Eurostat, *External and Intra-EU Trade: A Statistical Yearbook*, 2011.

第四章　创建欧元：马克国际化的"升级版"

第三，德国决定了欧盟成员国国际收支调节的方式和融资能力。这在2009年以来的这次欧洲主权债务危机中表现得尤为突出，这场危机在本质属于传统的国际收支危机，也就是以希腊为代表的逆差国通过发行政府债券从资本市场借钱来为本国逆差"融资"（Financing），不断地"借新账还旧账"，从而能够维持其国内超过其生产能力的过度的需求，但是当源于美国次贷危机的全球性金融风暴来临之时，资本市场开始变得谨慎，提高了借款的门槛，希腊和爱尔兰这些逆差国的借款成本突然上升致使其无法从资本市场正常融资，再加上这些国家原本的出口所得就无法抵偿其进口所需，一下子资金链断裂，"借新账还旧账"的游戏玩不下去了，危机也就爆发了。一个国家的逆差不会凭空出现，一定会表现为其他的国家的顺差，所以调节国际收支失衡就涉及到了顺差国和逆差国。在货币统一的背景下，汇率调节已经是不可能了，剩下的选项就很简单了：要么是作为顺差国的德国刺激内需扩大进口，削减贸易盈余；要么就是以希腊为代表的发生危机的国家紧缩经济，抑制内需扩大出口。

然而德国人并没有重新调整其政策的意愿，而是要求发生危机的国家实行顺周期的紧缩政策，通过降低工资和福利水平，减少开支来重新提高竞争力，最终欧洲人还是决定采用"德国模式"来应对此次主权债务危机[①]，这实际上是让出现危机的国家承担调节的成本和负担。虽然包括法国在内其他成员国对德国的立场表示异议，认为这种紧缩政策无助于陷入危机的国家恢复经济增长，反而会恶化他们处境加重危机，但是德国丝毫不为所动。在对危机国家的具体资金援助以及为防止危机蔓延和未来再次爆发危机而建立制度化的预防和援助机制等问题上，德国都处于中心，拥有最终的决定权。德国人拥有这一主导地位的关键固然在

---

① Mattias Vermeiren, Monetary Power and Eurrope, "EMU's Role in Global Monetary Governance", p. 17.

于其本身雄厚的财力,但更为重要的是德国在统一货币的制度框架下能够有效地对其他欧盟成员国融资能力进行控制。在实施统一货币的谈判中有两个条件是德国非常坚持的,一是要求保持欧洲中央银行的独立性,不允许其直接为成员国债务提供融资;二是通过《稳定与增长公约》严格限制成员国对内和对外举债的规模。在这种情况下,成员国想获取额外的资金只有两种方法:第一种是提高税率或者开辟新税种,以征税的方式解决资金问题。这显然在政治上不受选民欢迎,政府的支持率会因此而下降。第二种是提高本国的劳动生产力,通过赚取对外贸易盈余来获得收入。这显然非一朝一夕之功可以达到,需要一个发展过程,在政府急需资金的情况下显得有些"远水解不了近渴"。

其他成员国之所以最终仍然同意了德国人提出的苛刻条件,这是因为实施统一货币后其他成员国事实上可以"免费"使用德国人在资本市场上拥有的良好信誉,借此可以筹集到十分"廉价"的资金。如图4-3所示,大多数欧盟成员国在加入欧元区之前其长期利率都大大高于德国,加入欧元区使他们的长期利率开始逐渐与德国趋同,这意味着能够获得很"便宜"的资金。之前德国以马克计价的十年期国债利率一直在欧洲资本市场扮演着基准利率的角色,欧元的引入使得其他成员国与德国使用同一种货币发行国债,资本市场的投资者会认为德国在为其他成员国自觉不自觉地提供一种"隐形担保",这相当于无形中其他成员国可以"搭便车"分享德国在资本市场良好的信誉,从而能够以低成本融资,否则的话像希腊和意大利等国内通胀率高、财政纪律松散的国家根本不可能从资本市场以接近德国的成本融资。以希腊为例,在加入欧元区之前其十年期政府债券的利率一度要超过20%才能从资本市场筹集到资金,而在加入欧元区之后其利率低到了5%以下,几乎与德国相当,巨大的利差让希腊获利不菲。特别是对于欧盟的逆差国来说,这几乎成为了他们获取资金的唯一渠道。"搭便车"的

第四章 创建欧元：马克国际化的"升级版"

代价就是欧盟成员国自身融资能力的独立性大为减弱，同时加深了对德国的依赖。这种依赖在正常的经济发展时期是一种"皆大欢喜"的局面，许多成员国对此"甘之如饴"。但是在经济衰退和危机时期，这种"依赖"意味着要遵循德国人的"指挥棒"。欧洲主权债务危机爆发后许多成员国国债利率急剧提高，与德国的利差迅速拉大，"搭便车"的机会瞬间消失，并且经济增长放缓甚至出现了衰退。但这个时候欧洲央行根据法律规定不能直接对陷入危机的成员国施以援手，而成员国自身又缺乏独立的融资手段。在这种情况下，有能力提供解决危机所需资金的国家必须是财政状况良好，并且可以低成本从资本市场融资，符合这一条件的主要就是德国，很自然欧洲债务危机的解决也要依照德国人的路径来走。

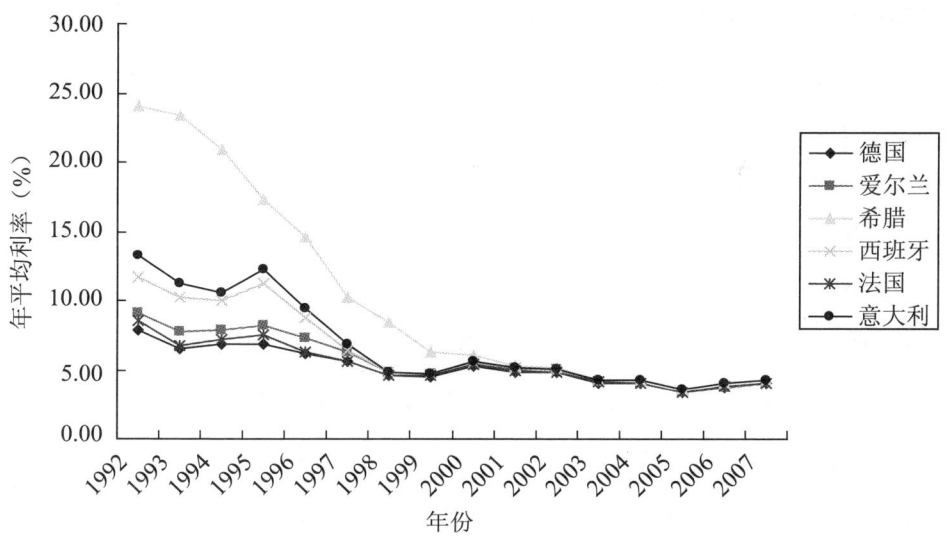

图 4-3 欧盟主要国家十年期政府债券利率变化趋势

数据来源：欧盟统计局

三、德国对"国际货币权力"的积极运用

从实际效果来看,与法国借欧元来约束德国"货币权力"的初衷相反,欧元的引入反而强化了德国的"货币权力",特别是随着此次欧洲主权债务危机的扩散和深化,这一趋势更为明显。德国人已经意识到单纯依靠紧缩政策并不能有效地应对目前的危机,恢复市场的信心从根本上来说需要欧洲的团结和凝聚力。与危机初期生硬地反对救助陷入债务危机的成员国的态度相反,随着危机深化和扩散,德国不但积极地主导制定具体的救助机制和措施,并且进一步明确主张建立欧洲政治联盟,但是与此同时仍然坚决反对发行统一欧元债券和允许欧洲中央银行充当最终贷款人角色,直接从一级市场购买成员国债券,这一态度看似前后矛盾实际上这正是德国人的一贯策略。德国其实并不是真要顽固到底彻底反对,仅仅是因为德国人想要得到的条件还没有被满足,无论是发行统一的欧元债券还是允许欧洲央行充当最终贷款人的角色,最终侵蚀的是德国人自己的融资能力和对其他成员国融资能力的控制权,德国人只有在能够得到更大回报的情况下才有可能出让这些权力,这一回报就是其他成员国的"财政权"。德国政府在危机初期曾经试探性地提出要在欧盟层面任命"预算专员"来监督成员国的政府支出,但是遭到了其他成员国的强烈反对,因为一旦这一提议得到实施,那就意味着实际上德国可以直接拥有对其他成员国的财政监督权。从"国际货币权力"的视角来看,欧洲主权债务危机的解决本质上是德国与其他成员国,特别是与法国之间以"融资能力换取财政权力"的谈判和博弈。这场政治棋局中的一方希望"无限量地"获得来自欧洲中央银行的资金援助以渡过危机,这一要求将削弱德国"国际货币权力"的核心——对其他国家融资能力的控制;而另一方则丝毫不愿放松自己的"国际货币权力",把进一步获

第四章 创建欧元：马克国际化的"升级版"

取对其他成员国政府财政的控制设定为资金援助的前提，从而不仅保证自身的"国际货币权力"非但不受侵蚀，反而实现扩张。

事实证明，决定这场危机最终走向的内在逻辑正是成员国之间围绕"国际货币权力"的博弈。2011年12月5日，在欧盟峰会召开前夕，德法首脑首先举行了会谈，就建立财政联盟达成一致。而随后于12月9日召开的欧盟领导人峰会实际上是将德法倡议法律化，欧盟23个国家（欧元区17国加6个非欧元区国家）同意缔结政府间条约，即新的财政协议，以强化财政纪律。协议中的财政法规将写入成员国的法律，它将带来更加强化的财政纪律、更完善的自动制裁机制，以及更严格的监管。欧盟新的财政协议背后反映的就是一种德法间"以融资能力换取财政权力"的政治妥协：法国帮助德国约束其他成员国的财政纪律，而德国则不再反对欧洲央行在二级市场上通过短期操作来购买成员国债券，以此为深陷危机的成员国提供流动性，提高其融资能力。这一妥协为危机的解决，因危机而深受市场怀疑的欧元区成员国的国债利率都开始下降，能够正常从资本市场融资。2012年1月12日，西班牙成功地招标发行了近100亿欧元不同期限的债券，几乎是发行量目标上限的两倍。意大利招标发行了85亿欧元12个月国债，发行利率为2.74%，较去年12月的发行利率5.95%大幅下降。虽然此后不久在2012年1月13日美国评级公司标普降低了欧元区9个国家和欧洲金融稳定工具（EFSF）的信用评级，但是市场反应平淡，并没有受其影响。而欧债危机在2012年春夏之际的又一次达到高潮的时候，又是货币权力的政治博弈催生了欧洲央行的OMT（直接货币交易），稳定了金融市场，这一点将在本书第六章详细阐述。

欧洲债务危机背景下的这场"融资能力换取财政权力"的博弈，是德国人在欧元诞生后首次主动在欧洲范围对其掌控的"国际货币权力"的一次积极运用，其效果是强化了德国对欧洲的主导，"德国人的欧洲"

德国马克的崛起——货币国际化的政治经济学分析
The Rise of Deutsche Mark—The Political Economy Analysis on Currency Internationalization

不再仅仅只是一种停留在学术层面的探讨,而是在慢慢成为一种现实,正是从这个意义上讲,欧元其实是德国马克国际化的"升级版",它让德国获得了单单运用马克根本无法实现的更为强大的"国际货币权力"。

后进国家的货币要想真正实现国际化需要在宏观层面有一个"机会窗口",这主要表现为"在位"国际货币发行国的经济政策出现严重失误,或者因遭受重大冲击而国力衰落。比如在1914年第一次世界大战前夕美国已经是世界第一大经济体,但这时美元在国际货币体系中的角色却几乎可以忽略不计,就连意大利里拉、比利时法郎和奥地利先令在世界官方外汇储备中的比例也高于美元。但是由于"一战"对英国实力的重创,到了1924年美元在各国政府和中央银行外汇储备中的比例就已经超过了英镑,而国际金融市场上发行的以美元计价的各种商业融资票据则是英镑的两倍。① 德国马克之所以能够崛起,直接原因就在于20世纪60、70年代持续的美元危机给其打开了一个难得的"机会窗口",而欧洲和美国之间在货币理念和国家利益上的根本冲突让德国马克有机会能够在欧洲货币联合的旗帜下获得了制度性的国际化动力和保障。由本章所自然引起的一个问题就是:为什么偏偏是德国马克能够抓住这一历史机遇顺利地成为了"国际货币",而是不法国法郎或者意大利里拉?到底是什么在支撑着德国马克使其在紧要的历史关头能够脱颖而出,牢牢站在了国际货币体系的顶端?这就涉及到德国马克崛起为国际货币的微观基础。一个值得注意的数据是,作为全球出口贸易大国,德国出口产品的80%是以德国马克计价的,这极大地提高了国际市场对德国马克的真实需求,德国生产商在计价货币选择上的底气从何而来?对德国马克国际化微观基础的探讨将在本书第五章进行。

---

① Barry Eichengreen, *Exorbitant Privilege: The Rise and Fall of the Dollar and the Future of the International Monetary System*, p. 32.

第五章　工业竞争力：德国国际货币权力的微观基础和稳固支点

一、国际分工视角下的马克国际化

传统观点大多将马克成为国际货币的原因归结为德国中央银行的独立性以及德国央行近乎偏执地追求物价稳定的唯一货币政策目标，这让德国马克币值长期稳定，在国内外都具有很强的购买力，从而让市场出于保值的考虑对德国马克产生了需求，这一观点的广泛传播不仅让德国央行在公众心中牢牢树立起了"马克保护者"的形象，甚至在全世界创造出了一个"德国央行的神话"，德国央行的运作模式和货币政策受到全世界央行的追捧。这一解释是有道理的，但是仍然未触及到深层次的原因，因为一国货币币值的稳定不仅仅取决于货币当局的政治意愿和政策手段，根本上来说决定于其国际收支状况，如果国际收支状况恶化，一国很难保持本国货币的稳定；另一方面从历史经验来看，币值的稳定与否也不能完全决定一国货币的国际地位，战后美元的长期走势虽然一直是贬值，但是美元的国际地位仍然没有从根本上被撼动。此外，德国央行的政治独立性其实也没有像学术界所认为的那么绝对或者"神圣不可侵犯"，在许多重大问题上，往往是德国央行要向德国政府妥协。

美国发达的金融市场对美元国际货币的地位提供了强有力的支撑，

德国马克的崛起——货币国际化的政治经济学分析
The Rise of Deutsche Mark—The Political Economy Analysis on Currency Internationalization

全球各国的公共部门和私人部门对美国金融产品的巨大需求是美元保持其国际地位的微观基层；与美国不同，德国国内并没有一个发达的金融市场，支撑马克国家地位的是德国发达、完整的现代工业体系。德国不仅长期保持全球"出口冠军"的地位，并且与其他贸易大国不同的是，德国出口产品的80%是以德国马克计价的，这极大地提高了国际市场对德国马克的真实需求，在国际市场上极具竞争力的"德国制造"才是德国国际货币权力真正的微观基础和稳固支点。

2007年源自美国的全球金融危机爆发后，国内外学术界对货币国际化的研究和讨论也掀起了新一轮的高潮，但是在对货币国际化的学术讨论中却凸显出两个不可忽视的倾向。一是把货币国际化主要地看作是一个金融问题，更多地从狭义的金融技术角度来分析和设计一国货币实现国际化的路线图，在这种理论视角下放开资本管制、资本账户自由化被认为是货币国际化的前提条件甚至是同义语，结果，对货币国际化具体路径的讨论被有意无意地"置换"为如何实现资本账户自由化的讨论；二是在货币国际化的经验借鉴上过于注重英国和美国，并且往往把英美两国的经验简单解读为"强大而开放的金融市场——本币国际化"这一路径，这又让金融业国际化几乎成为了货币国际化的代名词，认为可以通过金融业的对外开放来"加速"货币国际化，这在无形中等于是把金融业放在了货币国际化战略的中心位置。这两种理论倾向有其内在逻辑合理的一面，但是都把注意力放在了国家的宏观经济政策上，并特别聚焦在了金融业的对外开放上。

在现实中，货币国际化是一个复杂的过程，并非简单地拆掉篱笆，放松管制，一国货币的地位就会在国际经济中冉冉上升。出口的增加，甚至国力的提升，也不能自动地导致一国的货币更受欢迎。企业和金融机构这些微观个体，是建设货币国际化宏伟大厦的"工蚁"。[①] 上述两种

---

① 何帆：《为什么日元没有成为亚洲的主要计价货币》，载《国际经济评论》，2010年第6期，第157页。

第五章 工业竞争力：德国国际货币权力的微观基础和稳固支点

理论倾向实际上都缺乏对货币国际化的"微观基础"的关注，也就是回到货币国际化现象的起点来思考货币国际化，假设在一个全球经济体系内，每一个主权国家都排他性地使用本国货币，也就是"领土货币"阶段的"一个国家，一种货币"，没有任何国家的货币能够进入其他主权国家的政治疆域内流通。那么在这个初始阶段，具体通过一种什么的机制和渠道，一个国家的货币能够越过民族国家的政治疆界在其他国家流通？对这个"元问题"的回答需要我们从单纯的金融视角转移到世界经济运行的微观层面中，探寻打破"一个国家，一种货币"这一初始阶段的原动力，其实这一原动力并不神秘，亚当·斯密在《国富论》的第一章就对此进行了详细的描述和分析，这就是"国际分工"。当然，斯密是从生产效率和财富增加的角度来论述国际分工与国际贸易，并没有涉及由此所带来的不同"领土货币"的相互支付与交换，但是其内在逻辑是一致的，因为随着货物贸易而来必然是对某种货币作为支付手段的需求。从国际分工的角度来看，由于其他国家产生对本国商品的需求。进而引致外国居民对本币的需求；这种货币需求的扩大和累积进而提升该种货币在国际金融市场的地位，发展成外汇市场的载体货币，甚至成为储备货币。① 也就是说，在初始阶段是一个国家制造的出口商品带动了本国货币的国际化。但这只是故事的一个方面，随着国际贸易的繁荣和国际竞争的加剧，"出口商品带动本币国际化"这一机制将会越来越难发挥作用，因为其他国家生产的类似商品会削弱对本国商品的国际需求，也会让本国制造商在与他国买家谈判用哪一种货币支付时处于弱势地位，要求用本币支付的议价能力将大为减弱；同时，一些重大事件所造成的外部冲击也会根本性地改变一个国家的支付习惯，比如"二战"对美元国际地位的决定性影响。但是有一种情况则可以保证"出口商品带动本币国际

---

① 徐奇渊、李婧：《国际分工体系视角的货币国际化：美元和日元的典型事实》，载《世界经济》，2008年第2期，第31页。

化"这一机制持续有效：一个国家能够一方面长期保持在国际分工中的优势地位，为世界市场提供独一无二的商品，使得其他国家始终保持对本国产品的依赖性需求；同时又能够占据国际产业链的制高点，对最初阶段各种生产要素的采购汇集、中间环节的加工分包到制成品的最终销售这一整个产业链条保持控制力，那么该国企业不仅能够获取丰厚的利润，而且自身议价能力非常强，自然拥有选择计价和结算货币的权力，这正是德国高效和高端的工业制造业之于德国马克国际化的作用。

与美国靠向全球输出大量金融产品来维持其他国家对美元的巨额需求相对应，德国"二战"后在高端工业制成品领域的强劲出口逐渐在全球范围创造了一个对德国马克的基本需求。战后德国出口增长迅猛，长期保持着"出口冠军"的位置，其出口额占全球总额的10%左右，在德国的出口产品结构中，汽车及其零配件、机械设备、化工产品、钢铁和其他金属制成品以及电子电气设备这五大类产品超过了德国出口总额的一半以上，这五大类产品可以说是"德国制造"的核心和集中代表。这些领域的德国企业往往能够占据国际贸易谈判中的优势地位，在与国际买家的交易中可以凭借自己独一无二供应商的地位，为自己争取到有利的贸易条件，这其中就包括了对货币国际化而言非常重要的环节：以哪一种货币作为计价和支付手段？是德国马克还是国际买家的本国货币，亦或是第三国货币？

如表5-1所示，在20世纪80—90年代全球主要工业国中，德国出口产品的80%左右都是用本币德国马克计价，这一比例除了美国之外是最高的，"德国制造"为全球私人部门和公共机构对德国马克巨大需求奠定了坚实的基础。这一成绩在很大程度上主要归功于德国的工业制造业，1955年德国的汽车制造、机械制造、电子以及化工行业的出口占德国出口总额的1/2，而北美的相应数值仅为1/3，其他欧洲大陆核

第五章 工业竞争力：德国国际货币权力的微观基础和稳固支点

心国家为1/4，日本为1/6。从1955年到1973年，德国国内生产值增长的1/4以上由这四大行业贡献，英国的出口产品结构起初与德国别无二致，但是至1971年，德国各类产品的市场占有率都纷纷扩大，而英国的市场占有率却在缩小，尤其在汽车与机械制造领域。① 这并非巧合，当英国的工业制造业逐渐被德国全面赶超之时，英镑的国际地位变得岌岌可危，其世界第二大储备货币的地位也逐渐被德国马克所取代，国际货币基金组织在其1972年的年度报告中第一次提到了德国马克作为国际储备货币的地位和作用。② 1973年德国马克超过英镑，成为了世界第二大储备货币。③

表5-1 1980—1996年间主要工业国出口产品的计价货币选择

（数据为不同币种所占的百分比）

	美元	德国马克	日元	英镑	法国法郎	意大利里拉	其他
1980年							
美国	97.0	1.0	—	1.0	1.0	—	—
德国	7.2	82.3	—	1.4	2.8	1.3	4.8
日本	65.7	1.9	29.4	1.1	0.6	0.1	1.2
英国	17.0	3.0	0.1	76.0	2.0	0.5	2.4
法国	13.2	9.4		3.2	62.5		11.7
意大利	30.0	14.0	—	—	8.0	36.0	12.0

---

① 〔德〕路德格尔·林德拉：《出口繁荣之缘由》，丁纯译，见周弘、彼得·荣根、朱民主编：《德国马克与经济增长》，社会科学文献出版社2012年版，第434页。

② Jacob A. Frenkel and Morris Goldstein, "The International Role of the Deutsche Mark", in the Deutsche Bundesbank (eds.), *Fifty Years of the Deutsche Mark: Central Bank and the Currency in Germany since 1948*, Oxford University Press, 1999, p. 685.

③ Otmar Emminger, *D-Mark, Dollar, Waehrungskrisen: Erinnerungen eines ehemaligen Bundesbankpraesidenten*, Stuttgart, Deutsche Verlags-Anstalt, 1986, p. 23.

续表

	美元	德国马克	日元	英镑	法国法郎	意大利里拉	其他
1992—1996 年							
美国	98.0	0.4	0.4	0.3	—	—	9.0
德国	9.8	76.4	0.6	2.4	2.8	—	8.0
日本	52.7	—	35.7	—	—	—	1.6
英国	22.0	5.0	0.7	62.0	3.5	1.7	5.1
法国	18.6	10.6	1.0	4.2	51.7	3.1	10.8
意大利	23.0	18.0	—	—	7.0	40.0	3.0

数据来源：George S. Tavlas, "The International Use of the Dollar: An Optimum Currency Area Perspective", in *The World Economy*, Volume 20, Issue 6, September 1997, pp. 734–735.

表 5-2　1980—1996 年间主要工业国进口产品的计价货币选择

（数据为不同币种所占的百分比）

	美元	德国马克	日元	英镑	法国法郎	意大利里拉	其他
1980 年							
美国	85.0	4.1	1.0	1.5	1.0	1.0	6.9
德国	33.1	42.8	1.5	3.1	3.3	2.4	13.8
日本	93.1	1.4	2.4	0.9	0.9	0.2	1.1
英国	29.0	9.0	1.3	38.0	5.0	1.7	16.0
法国	33.1	12.8	0.1	3.8	34.1	3.0	13.1
意大利	45.0	14.0	0.5	3.2	9.0	18.0	10.4
1992—1996 年							
美国	88.8	3.2	3.1	—	—	—	4.9
德国	18.1	53.3	1.5	1.9	4.4	—	20.8
日本	70.4	2.8	22.5	—	—	—	4.3
英国	22.0	11.9	2.4	51.7	5.3	2.2	4.5
法国	23.1	10.1	1.0	2.9	48.4	3.7	10.8
意大利	28.0	13.0	—	—	8.0	37.0	14.0

数据来源：George S. Tavlas, "The International Use of the Dollar: An Optimum Currency Area Perspective", in *The World Economy*, Volume 20, Issue 6, September 1997, pp. 734–735.

第五章　工业竞争力：德国国际货币权力的微观基础和稳固支点

可以说德国强大的工业竞争力是德国马克能够在20世纪60—70年代因美元危机而动荡不断的国际货币体系中崛起的坚实基础。德国工业的成功在很大程度上要归功于两类内部治理结构完全不同的制造业企业。第一类是宝马、大众、西门子、巴斯夫等为代表的世界知名大型跨国公司。这些公司一般都是上市公司，知名度和媒体曝光率非常高，内部有着复杂的股权和治理结构，与国际金融市场关系密切，并且大多奉行多元化的产品战略，其生产链条不仅仅覆盖某一个行业，而是往往横跨多个行业。第二类是占德国企业总数95%以上的中小型企业，他们的年营业额低于10亿欧元，产品单一，往往是家族企业，股权和组织结构简单，与金融市场关系疏离。但是创造了近70%的工作岗位，完成了德国40%的出口，总产值占国民生产总值的一半左右，它们是德国工业真正的基石。

英国《经济学人》杂志2012年4月14日出版的一期刊物上，刊载了一篇题为"德国为世界提供了什么"的文章，其中说道：欧洲央行，从德国的金融中心法兰克福控制着欧洲的货币流通，而德国的倍福自动化公司（Beckhoff Automation），这家位于田园牧歌式的威斯特伐利亚州的企业则控制着银行。也许更准确地说，是它的设备在控制着银行的照明和通风。而倍福发明制造的其他器件还控制着米兰斯卡拉剧院的幕布和灯光。当然，更多的器件镶嵌在豪华游艇上，在拉斯维加斯酒店外舞动的喷泉里，在占中国一半数量的风力涡轮发电机里。2011年，倍福的销售额达到4.65亿欧元（6.08亿美元），它的出口超过其产量的一半[1]，像倍福这样的企业被称为"隐形冠军"（Hidden Champi-

---

[1] 中国社会科学院经济研究所：《经济走势跟踪》，2012年第30期（总第1250期），2012年4月25日。

ons)。① "隐形冠军"这一概念的产生源于20世纪80年代哈佛大学商学院教授西奥多·莱维特（Theodore Levitt）与德国管理学家赫尔曼·西蒙（Hermann Simon）在一次谈话中共同思考的问题：为什么德国的经济规模只有美国的四分之一，但是其出口规模却远远超过美国？他们发现，德国出口的成功不能简单地归功于德国的大公司，因为这些大公司与世界的其他大公司相比，并没有什么与众不同的地方。相反，这主要得益于德国的中小企业，特别是那些在国际市场上处于领先地位的中小企业。② 西蒙对这些德国中小企业进一步细分，制定出三项标准：市场占有率位居全球前两名或者欧洲第一；年销售收入不超过10亿美元（西蒙在后来将这一标准提高为40亿美元）；社会知名度低。同时符合这三项标准的企业被称为"隐性冠军"，根据西蒙在20世纪90年代中期所做的统计，当时德国就已经拥有了500多家"隐性冠军"，他们的产品在全球市场的份额基本都超过了50%，有些甚至达到了90%。以"隐性冠军"为代表的德国中小企业普遍不是以价格和数量取胜，他们的产品往往具有高度专业化、高质量和技术创新型的特点，不容易被模仿或者替代。如果从效率和绩效的角度来看，德国的这些"隐性冠军"的表现要远超那些众所周知的大企业，这些"隐性冠军"中2/3的企业其产品居于世界市场领导者的地位，他们投入到研发方面的资金平均每年增长8.8%，这

---

① 德裔哈佛大学商学院教授西奥多·莱维特（Theodore Levitt）首先提出了"隐性冠军"这一说法，用于指那些在全球市场中占有极高份额，却又不太为人所知的中小企业。德国企业管理学家赫尔曼·西蒙（Hermann Simon）将这一概念的内涵进行了充实和发展，并且在发表于德国管理学期刊的文章中首次使用"隐性冠军"这一词汇，经过西蒙的深入研究和大力推广，"隐性冠军"这一概念自20世纪90年代以来风靡全球企业管理学界和实业界。西蒙关于"隐性冠军"的详细论述体现在其著作 *Hidden Champions: Lessons from 500 of the World's Best Unknown Companies*（Harvard Business Press, 1996）之中。此书中文版由新华出版社2001年出版，中文书名为《隐形冠军：全球最佳500家无名公司的成功之道》。

② 〔德〕赫尔曼·西蒙：《隐形冠军：全球最佳500家无名公司的成功之道》，阿丁、温新年等译，新华出版社2001年版，第1页。

第五章　工业竞争力：德国国际货币权力的微观基础和稳固支点

是那些大企业的两倍；每千名员工拥有的专利数量是大企业的五倍，但其花费在每项专利上的成本仅为大企业的 20%①，比如在 2007 年，符合西蒙标准的 1127 家"隐性冠军"的总收入是 36740 亿美元，这一数字是德国 30 家在法兰克福证券交易所上市，并且组成了国际知名的德国股票指数——DAX 指数的企业收入总额的三倍。"隐性冠军"并非仅仅是一个德国所特有的现象，但是这些"隐性冠军"在德国的集中度却特别高，目前全球大约总共有 2016 家，其中有 1174 家是德国企业，超过了一半以上。②

以"隐性冠军"为代表的德国中小企业特别是在制造业领域展现出了十分强劲的全球竞争力，他们不仅出口高端的工业制成品，而是大多都走出国门进行跨国经营，利用自身产品竞争力的优势在全球范围整合生产资源，在全球产业链中占据了支配和主导地位。从这个意义上讲，这些中小企业与所有的大型跨国公司在国际化经营，特别在对全球资源的分配和控制力上本质是一样的。与本国的大型跨国公司一道，这些国际化的中小企业所生产的各种"德国制造"以及从属于这些"德国制造"的全球产业链所组成的一个巨大的商品交易网络，为马克巨大的国际需求奠定了基石。

二、货币国际化的工业型与金融型路径：德国马克与日元国际化的比较

在货币国际化的问题上，德国和日本具有强烈的可比性：首先，两

---

① 德国商报（Handelsblatt）官方网站，http：//www.handelsblatt.com/unternehmen/mittelstand/marktfuehrer-deutschlands-geheime-champions-seite-all/7003832-all.html。
② 德国驻美国使馆官方网站，http：//www.germany.info/Vertretung/usa/en/07_Climate_Business_Science/02_Bus_w_Germany/Feature_05/HiddenChampions.html。

个国家的历史境遇相同。都是"二战"的战败国，并且几乎同时在战争的废墟上实现了经济复兴。其次，两个国家的经济规模和发展模式类似。日本和德国曾分别是世界第二和第三大经济体，并且都是贸易大国，出口对本国经济增长的贡献很大。再次，两个国家在战后加入西方阵营，具有相似的政治制度和意识形态，在国际政治格局中的地位较为相近。最后，两国在战后都面临单一美元主导下的国际货币体系，两国货币国际化进程的初始条件相同。

从宏观的国际政治角度来看，德国马克国际化的进程更像一场"没有硝烟的战争"，德国政府的公开文件中从来没有"马克国际化战略"的相关表述，德国官方也从来没有公开表示过要积极推动"马克国际化"，学术界也鲜有关于德国马克国际化的讨论和研究，仿佛这是一个并不存在的议题。但实质上德国人只是将自己取得和保持"国际货币发行国"地位的这种国家利益追求巧妙地"隐藏"在了"隔离美元对欧洲的风险"和"欧洲一体化"这一对所有欧盟成员国而言都无比"政治正确"的集体行动中，从而在国际政治博弈中为马克"国际货币"地位的确立和稳定提供了政治制度与合法性保障。而在经济运行的微观层面，德国向世界输出货币的路径与渠道不是依赖于金融业，而是借助其工业制造业在国际分工和全球产业链中的优势地位，通过庞大的以"德国制造"为核心的国际生产要素交易网络来完成的。

和德国马克相比，日元国际化走上了另外一条路。第一，不像德国在马克国际化进程中的低调甚至是沉默，日本丝毫不掩饰自己将日元打造成仅次于美元的第二大"国际货币"这一雄心壮志，并且高调地推动日元国际化。在1984年的一份报告中，日本财政部说道："海外对日元持续国际化的兴趣在不断加强，这反映了我们的经济在世界上的重要地位……日元承担国际货币的角色不仅是重要的，也是必然的。"日本官方的信心十足，日本的学术界也是如此。在1987年由东京大学贝冢启明教

第五章　工业竞争力：德国国际货币权力的微观基础和稳固支点

授主持的报告中说道："一些经济学家预测，日元最终将取代美元成为关键货币，就如当年美元取代英镑一样。"即使到了1988年，当日本人已经意识到他们落后的金融市场、较小的经济规模使得日元不太可能挑战美元地位的时候，日本财政部还是认为，尽管美元的主导地位不可能被削弱，但是，日元可以成为仅次于美元的第二大国际货币。①

第二，在国际政治的宏观层面日本不像德国那样，能够拥有可以依靠的"组织"（欧洲共同体，即后来的欧盟），为了在国际货币体系中为日元谋得一席之地，日本基本上只能是"单刀赴会"。这样日元就很难像德国马克一样，在激烈的国际货币竞争中享有一个超然于市场竞争之上、对自己国际化有利的政治性国家间制度安排。

第三，在微观层面日本主要通过金融交易渠道来对外输出日元。1984年，日本和美国共同设立了"日美日元美元委员会"，旨在推动金融自由化和日元国际化，因为美国认为对日巨额贸易顺差的原因在于日元低估，而日元低估的原意在于日本（金融市场）对国际投资者缺乏吸引力，日元在国际上缺乏吸引力。美国积极主张日元国际化的目的不仅仅是要平衡日美贸易，同时也希望打开日本的金融市场，能够让美国的金融机构在日本金融市场的蓬勃发展中获取更多的商业机会。日本虽然并不完全同意美国对日美贸易不平衡根源的分析，但仍然顺从了美国的意见，这一方面是因为不愿再在贸易方面对美作出更大的让步，同时也是因为日本政府此时已经将日元国际化和金融市场自由化作为了下一步的政策目标，所以也积极配合美国的要求放开资本管制。第二次世界大战以后，日本在1949年制定了《外汇及外贸管理法》，长期实行外汇管制，原则上禁止所有的对外资本交易，割断了海外市场与国内金融市场之间的联系。随着日美在日元国际化这一目标上达成共识，日本政府依照1984年

---

① 殷剑峰：《人民币国际化："贸易结算+离岸市场"，还是"资本输出+跨国企业"？——以日元国际化的教训为例》，载《国际经济评论》，2011年第4期，第54页。

5月发表的《日美日元美元委员会报告书》实施了一系列解除资本管制的措施（如表5-3所示）。①

表5-3 日美日元美元委员会报告的概要及实施情况

一、拓展欧洲日元市场	实施时间
1. 非居民发行欧洲日元债券	
（1）允许外国的民间企业参与	1984年12月
（2）放宽发债标准	1985年4月
2. 放松居民欧洲日元债的指导准则	1984年4月
3. 对外资金融机构承销欧洲日元债主要业务实行开发政策	1984年12月
4. 对非居民获取的欧洲日元债利息收入征收预扣问题	1985年4月取消
5. 允许发行欧洲日元CD	1984年12月
6. 欧洲日元贷款	
（1）面向非居民发放的短期贷款实现自由化	1983年6月
（2）面向居民发放的短期贷款实现自由化	1984年6月
（3）中长期贷款实现自由化	面向非居民 1985年4月 面向居民 1989年7月
二、金融自由化与资本市场自由化	实施时间
1. 撤销定期存款利率的上限	1985年4月之前
2. 外资银行开始办理国债经纪业务	1984年10月
3. 创设以日元计价的银行承兑票据（BA）市场	1985年6月
4. 撤销日元汇兑管制	1986年4月
5. 提高日元计价外债的发行、运营规则的灵活性	1984年7月
6. 撤销对日元计价海外贷款的管制	1984年4月
三、外资金融机构进入日本市场	实施时间
1. 参与信托业务	1985年6月
2. 东京证券交易所会员资格开放	1985年12月

---

① 〔日〕鹿野嘉昭：《日本的金融制度》，余熳宁译，中国金融出版社2003年版，第34—35页。

第五章　工业竞争力：德国国际货币权力的微观基础和稳固支点

如果不考虑宏观国际政治层面的因素，仅仅从微观经济层面来看，德国马克国际化的历史经验可以称之为货币国际化的"工业型"路径，因为德国马克的对外输出渠道主要以"德国制造"为核心的全球商品生产和交易网络为基础，与马克相关的金融资产交易是由这一网络的发展推动。纯粹的金融资产交易对马克的国际化并没起到太大作用，因为直至 20 世纪 80 年代中后期德国一直保持有相当大程度的资本管制措施，特别是在债券市场。比如德国央行与德国金融机构之间达成了一个"君子协定"：外国机构在德国发行以德国马克计价的债券必须要有德国金融机构作为参与方并且领导相关债券发行事宜。同时德国央行还有一个非正式的附件条款：发债募集到的德国马克必须立刻兑换为外国货币并且汇到国外。[1] 这样的政策实际上是限制了德国马克通过金融交易的渠道流向国外；对比马克，日元则是走了一条"金融型"国际化路径。通过放开资本管制日本政府积极鼓励本国和海外金融机构参与和日元的相关金融资产交易，以金融渠道对外输出日元。不同的路径导致两国货币国际化的最终成果差异很大，日元的国际化被认为是一个不成功的典型，因为时至今日，日元的国际使用仍然非常有限，不仅与日本的经济规模不相称，并且也远远落后于美元和欧元，甚至是英镑。如果以在全球官方外汇储备中所占份额这一最能体现一国货币国际化程度的指标来衡量，日元从 1991 年高峰时期的 8.5% 下降到 2011 年的 3.7%。而德国则早在 20 世纪 70 年代就以世界第三的经济规模为德国马克获取了世界第二大储备货币的国际地位，马克的份额之后稳步攀升，直至欧元诞生之前基本

---

[1] Guenter Franke, "The Bundesbank and financial markets", in the Deutsche Bundesbank (eds.), *Fifty Years of the Deutsche Mark: Central Bank and the Currency in Germany since 1948*, Oxford University Press, 1999, p. 247.

稳定在13%—14%左右①，目前在国际货币体系中有能力与美元分庭抗礼的欧元实质上是马克的"继承人"和"升级版"，德国马克和日元的境遇可谓天壤之别。

德国马克的"工业型"国际化路径之所以比日元的"金融型"路径更富有成效，关键在于德国与日本在国际分工与全球产业链中地位的不同。日本学者很早就意识到日本实际上是一个"二元经济"：一方面，是只占全部企业数量0.1%的少数大型企业，这些企业仅仅雇佣了全部雇员的12.1%，但在经济上得到财阀体制、在金融上得到主银行体制、在政治上得到官僚体制的庇护；另一方面，则是在各个领域都受到抑制的大量中小企业。日本的中小企业在国际市场难有作为——这自不待言，日本的大型企业也缺乏竞争力。例如，在1990年的《财富》杂志排行榜上，日本的丰田汽车、尼桑汽车、本田汽车、NEC虽然在销售额上排名第6、17、30、32名，但是，这些企业的净利润分别只排到第12、64、74、123名，《财富》排行榜中日本企业的净利润/销售收入比美国企业低50%左右。显然，日本企业更看重的是量的扩张（销售收入的增加）而非质的改善（效益/利润的增加）。这种倾向加上国内"二元经济"引发的收入分配结构问题和国内消费不振，最终导致日本的大型企业极其依赖海外市场，进而丧失了谈判定价的能力。阻碍日元使用的第二个原因在于日本没有利用当时富裕的资本拓展对外直接投资，并建立以本国的跨国企业为核心的全球产业链。在国际市场中，谁掌握了从资源采集到中间品分包再到最终品销售的生产链条，谁就拥有了资源配置和利润分配的权力，更不用说去决定在这样的链条中应该使用何种货币结算了。

---

① Takagi, Shinji, "Internationalising the Yen, 1984–2003: Unfinished Agenda or Mission Impossible?", Prepared for presentation at the BIS-BOK Seminar on "Currency Internationalization: Lessons from the International Financial Crisis and Prospects for the Future in Asia and the Pacific", 19–20 March, 2009, Seoul, p. 19；国际货币基金组织，COFFER。

第五章　工业竞争力：德国国际货币权力的微观基础和稳固支点

在日美的贸易关系上，是美国企业而不是日本企业控制了这样的链条。在20世纪80年代，美国企业通过直接投资在日本开展了大量的代工生产（OEM，Original Equipment Manufacturing），其中，美国企业掌握销售品牌、销售渠道和核心技术，在日本的企业负责加工生产。例如，当时IBM的个人电脑总成本为860美元/台，其中向日本代工企业支付625美元/台，而在美国的零售价格是2000美元/台。无疑，在这种不对称的地位下，很难想象日本的代工企业可以要求它们的IBM老板用日元结算。[①]所以，在美国这个全球最大、最成熟，同时也是最为挑剔的市场上日本出口产品以日元定价的比例不超过20%，而拥有众多站在全球产业链顶端的德国企业，他们的议价能力则强很多，其出口产品在美国以马克定价的比例接近50%。类比日本，德国也是一个"二元经济"，但是德国的"二元"中一面是优秀的大型跨国公司，另一面则是更为优秀的以"隐形冠军"为代表的众多极具全球竞争力的中小企业，他们共同掌控着以"德国制造"为核心的全球产业链和相关生产要素的交易与分配，这是德国马克逐渐在国际金融市场受到青睐，并最终成为各国政府官方储备资产最为重要的微观基础。

对比日元和马克的国际化路径可以看得出，金融市场的对外开放或者解除资本管制并非一国货币国际化的先决条件，实体经济对一国货币最终成为国际货币的作用，比金融市场的相关安排更为重要。[②]在20世纪80年代日本国内金融市场的对外开放程度虽然高于德国，许多外国金融机构持有日元资产，但是因为缺乏实体经济部门在国际市场上进行商品交易的支撑，这种日元资产的国际交易更多地成为了少数大企业和金

[①] 殷剑峰：《人民币国际化："贸易结算＋离岸市场"，还是"资本输出＋跨国企业"？——以日元国际化的教训为例》，载《国际经济评论》，2011年第4期，第60页。

[②] Toru Iwami, "The Internationalization of Yen and Key Currency Questions", IMF Working Papers 94/41, 1994.

融机构进行套利和投机活动的工具，对日元国际地位的稳定很难提供长期和具有可持续性的支持。后来日元的走势也说明了这一点，因国内金融业繁荣所造成的日元的国际化程度在80年代末90年代初的"虚高"并未持续太久，日元在官方国际储备中的份额逐渐萎缩，日本政府推行的这种"金融型"国际化路径实际上是失败了。

三、德国工业力量的源泉：实业立国的理念和传统

支撑马克成为国际货币的强大工业力量并非始于战后德国重建过程中所创造的"经济奇迹"，而是要追溯到18世纪中期，特别是19世纪中期以来德意志地区诸邦国的现代化进程。以德国工业力量的中坚——1000多家的"隐形冠军"为例，他们中很多都是"百年老店"，如图5-1所示，许多企业创建于1750—1870年间，其中1871—1918年和1946—1973年是这些"隐形冠军"们的两次创建高峰，许多企业都诞生于这两个时期（图5-4）。并非巧合，历史上这两个时期是德国经济发展的重要阶段。在前一个时期德国工业超过英国位居欧洲第一、世界第二，而在后一个时期德国工业又一次超过英国，并且德国马克取代英镑成为世界第二大储备货币。从历史的角度来看，德国人对工业制造业具有一份特殊的执着和坚守。无论是面对20世纪70、80年代金融自由化浪潮中金融业所展现出的惊人的获取巨额利润的能力，还是世纪之交"新经济"的繁荣所引发的"去工业化"浪潮和对信息技术的空前追捧，德国并不为之所动，仍然专注于传统的工业制造业。如图5-5所示，时至今日德国的经济结构中，工业占国民经济的比例仍然高于其他的欧洲主要国家，也高于欧盟的平均水平。德国完整、高端的现代工业体系不仅让德国经济在欧债危机中"一枝独秀"，也让"德国模式"再次受到世人瞩目。

第五章 工业竞争力：德国国际货币权力的微观基础和稳固支点

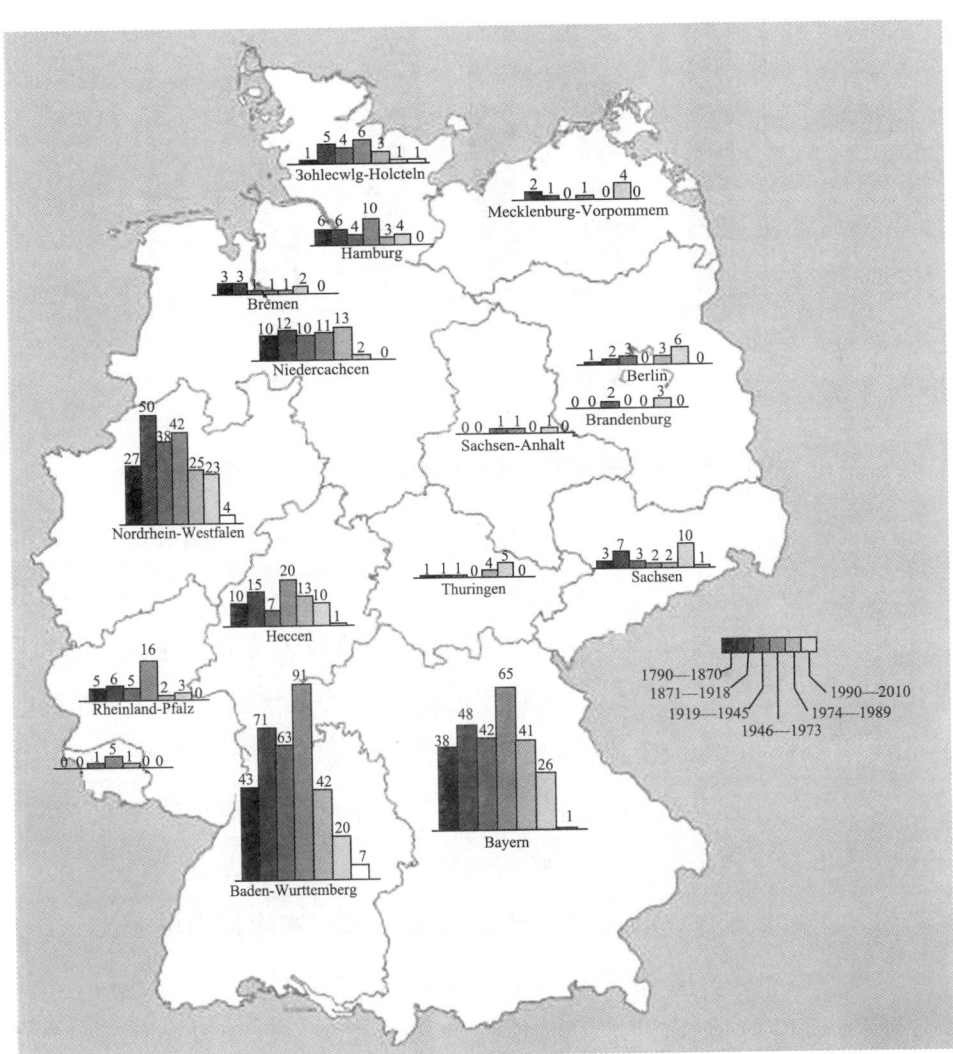

图 5-1 德国"隐形冠军"企业在各联邦州分布及建立的年份

数据来源：Leibniz-Institut fuer Laenderkunde, 2011.

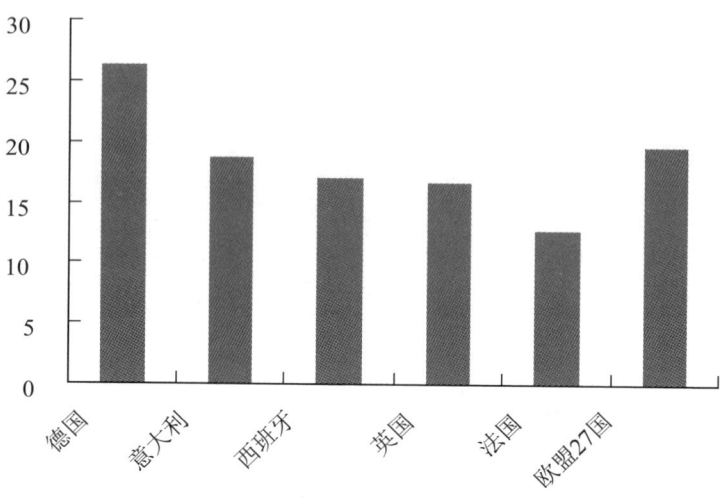

图 5 – 2 2011 年欧盟主要国家制造业占国民经济百分比

数据来源：德国统计局，Pressemitteilung vom 2. November 2012 – 381/12.

那么为何百年来德国人能够一直保持这种对工业制造业的"专注"呢？答案就是近代以来德意志民族在追求国家统一与富强的历史进程中，在周围列强林立、大国争雄的险恶地缘政治环境下所形成的"实业立国"的理念与传统。生活于 18 世纪末 19 世纪前半叶的德国经济学家李斯特（Friedrich Liszt）是这一理念最好的阐释者。他认为工业是内外贸易、航海业和有所改进的农业的基础，从而又是文明和政治权力的基础。而且工业力量促进科学、艺术和政治的发达，增加人民的福利、人口、国库收入和国家权力，使它到地球各地去伸展通商关系，建设殖民地，培养渔业、航海业和海军。只有通过工业力量才能使国内农业发展到高级阶段。不仅如此，如果某个国家能垄断世界的全部工业力量，而使其他国家仅仅生产农产品和原料，只允许他们经营最小限度的地方工业，如果它能够如此压迫其他国家，那么该国必然要成为全世界的统治者。这样，无论在什么意义上，无论对内还是对外，"工业力量"的发展程度如何，

第五章　工业竞争力：德国国际货币权力的微观基础和稳固支点

都决定整个生产力的程度，左右整个经济力量的程度，并且是决定政治力量程度和文化程度的关键。① 在李斯特看来，流行于当时欧洲的亚当·斯密学说过度地重视了"分工"的重要性，进而把建立在"分工"基础上的"交易"，以及由此所推演出来的"自由贸易"作为了经济增长的推动力。他认为斯密忽视了"生产力"这一概念，因为财富的生产力比之财富本身，不晓得要重要到多少倍。②

很多人提到李斯特首先想到的就是他的"保护幼稚产业"理论，这实际上只是看到了表象，李斯特学说中最为核心也是最具学术价值的是其"生产力"理论。他认为一个国家的生产力是由四个部分构成：（1）个人的生产力；（2）自然的生产力；（3）社会的生产力；（4）物质的生产力。其中"物质的生产力"最为重要，而"物质的生产力"中的"工业力量"又在全部生产力中占有基础地位，对"国家生产力"来说是核心，是推动它的"原动力"。③ 因为个人的、自然的、社会的，以及其他物质的生产力无法进行自我扩展，只有工业力量的发展才全面地调动、配置和升级其他部门的生产力。比如在工业与"个人生产力"之间的关系上，工业有利于国民智力的发展，在纯农业国里，新发明和改进并没有多大价值，无法为国民从事这类活动提供激励，而在工业国，要想获得财富和地位，最便捷的一条路莫过于发明和发现，这让有才能的人能够有机会脱颖而出，使个人的生产力得到释放。同时，工业的这种生产方式能够提高人的文化素质，进而促进社会制度朝着更好的方向变迁，使其更具"生产性"，释放社会制度所具有的

---

① 〔日〕大河内一男：《过渡时期的经济思想：亚当·斯密与弗·李斯特》，胡企林、沈佩林译，中国人民大学出版社2000年版，第232页。
② 〔德〕弗里德里希·李斯特，《政治经济学的国民体系》，陈万煦译，商务印书馆2009年版，第132—137页。
③ 〔日〕大河内一男：《过渡时期的经济思想：亚当·斯密与弗·李斯特》，胡企林、沈佩林译，中国人民大学出版社2000年版，第254页。

德国马克的崛起——货币国际化的政治经济学分析
The Rise of Deutsche Mark—The Political Economy Analysis on Currency Internationalization

"生产力"。

正是从这个意义上李斯特认为,哪里有工业,哪里就会使人们的胸襟宽大,使牧师转变为人民教师,转变为学者。民族语言与文学修养,艺术的创造,内政制度的改善,总是与工商业的发展齐头并进的。对于自然资源和其他经济部门而言,工业更是一个强大的生产要素配置者和组织者,可以使无数的自然资源和天然力量转化为生产资本,同时为建立国内统一市场提供支撑。李斯特的生产力理论实质上是将工业作为一个国家财富创造能力的根基与源泉,认为"后进国家"只有建立起本国独立的工业制造业体系,才有可能赶超其他的发达工业国。从这一逻辑出发得出"保护本国幼稚产业"免受外国冲击的政策取向也是自然而然的。李斯特在其代表作《政治经济学的国民体系》一书中集中地阐述了他的这一"实业立国"的思想,其落脚点就是希望当时还主要以农业为主的德意志诸邦国避免沦为其他发达国家倾销其廉价工业品的销售市场,通过建立独立的工业体系走向富强,李斯特理论中的核心问题就是发展中国家如何能够成功实现其"赶超战略",最终具备与发达国家在国际市场上"同台竞技"的能力。

李斯特理论中所包含的这种强烈的现实关怀使得许多德意志邦国逐渐接受了他的"实业立国"的理念,统治者纷纷出台各种政策措施来推动和奖励本国工业制造业的发展,并且成效显著,进入19世纪下半叶德国的工业制成品开始进入包括英国在内的广大海外市场,但这一时期的德国产品大多是模仿英国,虽然价格低廉但是质量较次。为了抵挡"滚滚而来"的德国进口产品,保护本国工商业者的竞争优势,英国议会1887年8月23日通过了歧视性的商标法案,规定所有外国进口产品必须标明其原产地,从德国进口的产品都须注明"Made in Germany"(德国制造),"德国制造"这一新名词从此诞生。但此时的"德国制造"是价低质次的代名词,英国议会想借此将其与优质的"英国制造"区分开来,

第五章　工业竞争力：德国国际货币权力的微观基础和稳固支点

鼓励本国消费者购买质量更好的英国产品，拒绝低劣的德国产品。但事与愿违，商标法案事实上为"德国制造"在英国免费做了一次全国范围的广告，英国人突然发现他们原以为是"英国制造"的产品原来都是"德国制造"，他们的日常生活已经与"德国制造"密不可分。同时慢慢地，他们发现德国产品不仅价格实惠，并且质量也越来越好。1897年，就在"德国制造"这个当初具有侮辱性的标志被英国人强行打在德国商品上的十年后，当时英国的殖民地事务部大臣约瑟夫·张伯伦（后来英国首相张伯伦之父）在他的考察报告中将德国产品一一列出并加以评价：

服装：价格更便宜而实用

武器和子弹：价格便宜而美观

啤酒：明亮而好喝

水泥：价格更便宜，质量上乘

化学产品：科研出色，质量上乘

钟表：价格更便宜，且充满艺术品位而引人注目

棉布：价格更便宜，外观好看

家具：价格更便宜，轻巧，供货及时

玻璃制品：价格更便宜，质量更好

钢铁制品：价格更便宜，更实用

切削刀具：价格更便宜

工具：价格更便宜，更实用，款式新颖

铁器产品（包括铁钉、铁线和钢材）：价格更便宜，质量与英国货不相上下或者更优良

羊毛产品：款式更时尚

至此,"德国制造"已经在世界市场站稳脚跟,并且成为德国经济的支柱。时至今日,汽车、机械、化工、钢铁与金属加工以及电气这五大行业仍然是德国工业力量的核心,在全球竞争中处于优势地位,如图5-3所示,这五大行业的出口占到了德国出口总量的一半以上,并且这五大行业在出口中的优势地位从20世纪90年代到现在一直没有太大的变化,德国人对工业制造业的"专注"由此可见一斑。中国也是德国工业产品的大客户,德国管理学家西蒙就经典地概括道:"中国或许是'世界工厂',但是德国公司正在制造'世界工厂'。"正是这种制造"世界工厂"的能力,使得德国马克有机会登上国际货币体系这一金字塔的顶端。

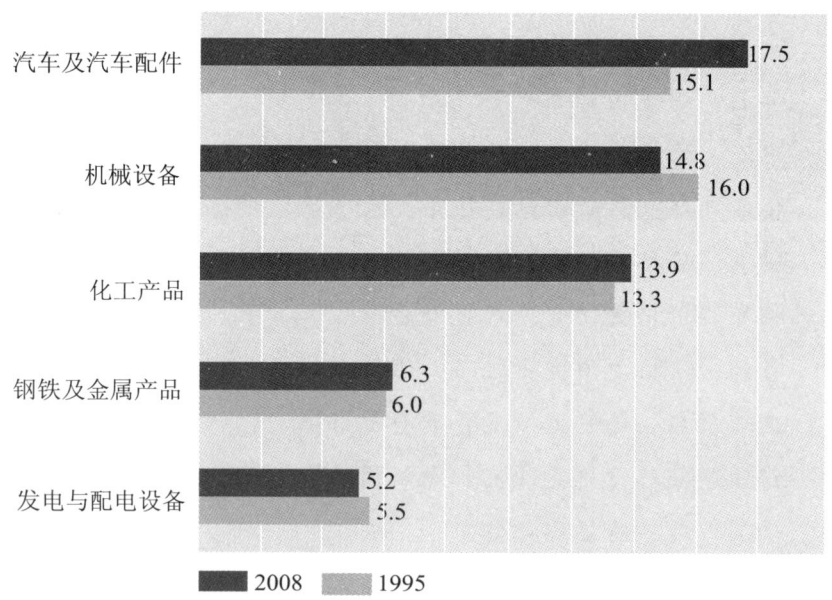

图5-3 德国五大类出口产品在德国出口总额中的比重

数据来源:德国统计局;*Export,Import,Globalisierung:Deutscher Aussenhandel und Welthandel 1990 bis 2008*,pp. 15-16。

第六章　欧债危机——德国国际货币权力的扩张

一、德国主导欧洲的根基：源自欧元的国际货币权力

马克的崛起让德国拥有了国际货币权力，而欧元的启动则放大了德国的这一权力，欧元产生以前的欧洲有两个中心。在1984—1999年之间，欧洲因为地缘的关系，形成一个北部中心和一个南部中心：南部以法国和意大利为核心；北部的中心是英国。但是经过了15年的欧元运行，整个欧洲地区现在紧密地连成了一个集团。这个集团的核心是谁？德国。[①] 作为马克"升级版"的欧元重塑了欧洲大陆的地缘政治格局和经济力量分布，是德国能够主导欧洲的根基，正是从这个角度来看，马克实际上从未消失。2009年爆发的欧洲主权债务危机，一方面，为检验德国国际货币权力的有效性提供了一个"完美"的舞台；另一方面，则让德国的这种国际货币权力成功地实现了扩张。"德国的欧洲"正在逐渐成为现实。

欧债危机爆发之后欧元的走势牵动着各国政要和经济界人士的神经，关于欧元前途命运的各种传言与猜测更让人犹如雾里看花，难以把握这

---

① 朱民：《变化中的世界》，载《国际经济评论》，2012年第6期，第11页。

德国马克的崛起——货币国际化的政治经济学分析
The Rise of Deutsche Mark—The Political Economy Analysis on Currency Internationalization

场危机演变的逻辑和脉络。但是如果从"国际货币权力"的角度去重新审视这场危机，那么可以看到欧债危机的演变实际上是欧盟各成员国围绕"国际货币权力"所进行的一场政治博弈，是一个典型的国际政治事件，虽然欧元一直处在欧债危机的风口浪尖之上，备受瞩目。但波涛汹涌之下真正的风暴口仍在表面上已经退出历史舞台的德国马克身上，这也是为什么德国在欧洲危机中的角色引起整个世界的关注。

回顾即将过去的2012年，"欧元区没有解体"或者说"欧元没有崩溃"，无论对整个世界还是对于中国，绝对称得上是一件历史性的大事。这么说其实并不夸张，如果2012年夏季希腊在欧债危机达到最高潮的时刻果真被以"剥离不良资产"的方式"踢出"欧元区，那么由此所引发的连锁反应必将撼动欧元的根基，人类历史上第一个付诸实践的超主权货币恐怕真要就此夭折了。可以想象，这将导致国际政治经济格局发生剧烈变革，欧洲将重回"二战"前民族国家林立、一盘散沙的孱弱之势，作为国际政治格局中举足轻重的独立一极，并且在全球治理中掌控着不可小觑的规则制定权的一支力量，欧洲所享有的国际地位和声望将顷刻瓦解；而中国由此则将面临更加险恶的国际环境，除去直接的资产损失之外，中国经济将更多地暴露在美元风险之中，面对不合理的国际货币体系中国可以回旋的余地变得愈加狭窄，刚刚启动的人民币国际化进程也将蒙上阴影。所幸这些并未发生。自2009年底欧债危机爆发以来，国内外主流经济学家关于"希腊退出欧元区"、"欧元区解体"的预测不绝于耳，特别是2012年春夏以来这种看法几乎主导了国内外学术界和政策界关于欧元前途的判断，似乎欧元的崩溃只是时间问题。英国央行和财政部的官员曾公开表示正在为欧元的解体制定预案，而像瑞士银行（UBS）、日本野村证券等国际金融巨头对欧元区解体可能性的悲观看法也在很大程度上成为市场的共识，花旗银行甚至已经为希腊退出欧元区设定了精确的时间表。

第六章 欧债危机——德国国际货币权力的扩张

但是随着2012年9月欧洲央行宣布将会无限制在二级市场购买成员国国债,逐渐地承担起"最终贷款人"的职责,做空欧元的投机力量被逼出市场,危机国家的外部融资能力大为改善,西班牙十年期国债利率迅速下降到了7%以下。9月20日,西班牙财政部成功发行48亿欧元期限为3—10年的中长期国债,其中三年期国债为大头,金额为39.4亿欧元。这一数字超过了西班牙原定为35亿—45亿欧元的发行计划,特别是此次发行的十年期国债的利率为5.67%,远低于8月份的6.65%。投资者也表现出了极大的兴趣,此次发行中市场对十年期国债的需求是实际发行额的2.8倍,而在8月是2.4倍。而意大利十年期国债的利率也从2012年7月下旬的6.5%下降到了目前的4.7%左右。西班牙和意大利这两个陷入危机的欧元区核心国家在资本市场长期融资利率的下降并且趋于稳定,预示着金融层面的欧债危机基本结束。在半年前甚至一年期还被普遍接受的"欧元区解体"的预测现在看来明显是太过草率、不太现实。为什么主流经济学对欧元前途的预测失败了呢?

其实,主流经济学对"欧元崩溃"的预测并非完全是危言耸听或者哗众取宠,其在相当大程度上是非常严肃的,背后有着强大而严谨的逻辑支撑。其失误之处在于核心假设出了问题,将欧元看作是一般经济学意义上完全自发地产生于市场的货币,从纯市场原则来分析预测欧元的走势。但是在现实中欧元的诞生恰恰是没有完全遵循市场逻辑,而是典型的"国家间政治"的产物,正是在用欧元这一共同货币替代欧洲民族国家各自主权货币的政治进程中,各成员国之间原有的力量格局悄悄地、以一种不易被人察觉的方式发生了变化,这其中最大的赢家就是德国。它虽然放弃了德国经济繁荣与稳定的象征,已然是世界第二大储备货币的马克,但却以制度化的方式获取了欧盟内部实质上最具含金量的最高权力——国际货币权力,一种对其他成员国行为的影响力和支配权。正是因为如此,欧元对德国而言不再仅仅是一种货币,而是其核心国家利益。在应对欧债危机期间，德国为维护自己核心国家利益而发起了一场"德国式"的"欧元保卫战"，正是这场德国人的"欧元保卫战"让许多从主流经济学的视角看来并不符合市场逻辑，甚至缺乏市场效率的欧元救助措施在政治上成为可能，并且付诸实施；另一方面德国又运用自己强大的影响力巧妙地将一些符合市场逻辑但却"政治不正确"的措施"改头换面"地推出。这种"双管齐下"的策略最终证明是有效的，维护了欧元区的完整性。而德国人赢得"欧元保卫战"的胜利也意味着让自己掌控的"国际货币权力"既得到维护又实现了扩张。欧债危机演变过程中所隐藏的这些权力逻辑是被主流经济学分析范式排除在外的，因而主流经济学对欧元前途的预测出现失误也就在情理之中了。也正是因为这场"欧元保卫战"背后复杂的政治逻辑，德国在此次欧债危机中的角色在备受瞩目的同时却又备受质疑，德国的危机应对措施才那么地充满争议。

放弃马克引入欧元从表面上看是德国为实现统一所必须支付的代价，是德国在货币问题上作出的牺牲，德国是利益受损的一方。但事实却并非如此，如第四章第二节所述，作为典型的"国家间政治"的产物，欧元具体的运行机制并非完全遵循市场的逻辑，是一种所谓的"自发的秩序"，而是更多地取决于国家间的政治博弈。在实施统一货币的谈判中有两个条件是德国非常坚持的，一是要求保持欧洲中央银行的独立性，不允许其直接为成员国债务提供融资；二是通过《稳定与增长公约》严格限制成员国对内和对外举债的规模。在这种情况下，成员国想获取额外的资金只有两种方法：第一种是提高税率或者开辟新税种，以征税的方式解决资金问题。这显然在政治上不受选民欢迎，政府的支持率会因此而下降。第二种是提高本国的劳动生产力，通过赚取对外贸易盈余来获得收入。这显然非一朝一夕之功可以达到，需要一个发展过程，在政府亟需资金的情况下显得有些"远水解不了近渴"。其他成员国之所以最终

第六章 欧债危机——德国国际货币权力的扩张

仍然同意了德国人提出的苛刻条件，这是因为实施统一货币后其他成员国事实上可以"免费"使用德国人在资本市场上拥有的良好信誉，借此可以筹集到十分"廉价"的资金。大多数欧盟成员国在加入欧元区之前其长期利率都大大高于德国，加入欧元区使他们的长期利率开始逐渐与德国趋同，这意味着能够获得很"便宜"的资金。欧元诞生之前德国政府发行的以马克计价的十年期国债利率一直在欧洲资本市场扮演着基准利率的角色，欧元的引入使得其他成员国与德国使用同一种货币发行国债，资本市场的投资者会认为德国在为其他成员国自觉不自觉地提供一种"隐形担保"，这相当于无形中其他成员国可以"搭便车"分享德国在资本市场良好的信誉，从而能够以低成本融资，否则的话像希腊和意大利等国内通胀率高、财政纪律松散的国家根本不可能从资本市场以接近德国的成本融资。以希腊为例，在加入欧元区之前其十年期政府债券的利率一度要超过20%才能从资本市场筹集到资金，而在加入欧元区之后其利率低到了5%以下，几乎与德国相当，巨大的利差让希腊获利不菲。特别是对于欧盟的逆差国来说，这几乎成为了他们获取资金的唯一渠道。"搭便车"的代价就是欧盟成员国自身融资能力的独立性大为减弱，在不知不觉中加深了对德国的依赖。

欧元带有与生俱来的权力政治属性，其运行体制和治理规则从根本上来说是产生于国家间的政治博弈，这就注定了现实世界中的欧元与主流经济学中通过理论抽象所形成的高度一般化的"货币"有着非常大的差异，欧元的稳定和持久一方面需要在市场逻辑与政治逻辑之间小心翼翼地"走钢丝"，但是当两者发生冲突之时，市场逻辑肯定要服从政治逻辑，特别是德国人的行为逻辑。因为在欧元体制下德国以外的其他成员国失去了原先所独立拥有的各种融资途径，通过发行欧元计价的低成本国债成为了几乎唯一的融资渠道，而这条渠道的闸门实际上是由德国所掌控。欧洲货币联盟中的这种制度安排让德国获取欧盟含金量最高的权力——"国际货币权力",欧债危机的爆发让这德国人的这种权力更加充分地显现了出来,而德国人也明显更为自信和娴熟地主动去运用和扩张这一权力,推动欧债危机超自己所期望的方向发展。这一点恐怕是当初试图通过建立共同货币来避免德国主导欧洲的那些欧元设计者所始料未及的。

二、相互冲突的双重目标:保持欧元区完整+控制成员国财政权

(一) 欧债危机的发展趋势

许多观察家在预测欧元前途的时候都会提到,德国的支持是欧元能够继续存在的有力支撑,但是德国对欧元的支持是有限度的,当支持欧元的成本给德国的财政能力和经济增长造成的负担过重,大于由此所带来的收益时,德国会放弃对欧元的保卫,欧元的前途也就岌岌可危了。这种观点看似很有逻辑,但是其错误之处在于把欧元看作是与德国有密切联系的一个外部事物,也就是"外生"的,而非德国国家整体架构内部的有机组成部分,也就是"内生"。实际上,欧元之于德国早已是"内生",是德国马克的"升级版",因为它让德国享有比在马克时代更多的经济利益和更大的特权。第一,德国工业的竞争力被大大强化。欧元的引入一劳永逸地消除了成员国之间"竞相贬值"给德国出口所带来的市场风险和压力,"德国制造"迅速地占据了欧盟统一大市场中的主导地位。第二,欧元的治理模式、欧洲央行的运行方式和货币政策目标几乎完全效仿原先的德国央行,德国企业面临的货币政策环境和以前德国央行时代是一样的。第三,最为重要的是德国因为欧元拥有了"国际货币权力"。在欧洲统一货币的制度下,由于其他欧元区国家的融资能力逐渐地依附于德国,进而其宏观经济政策也要受德国影响,这让德国无形中具有了越来越强地支配其他欧盟成员国的能力。这种能力俾斯麦当年

第六章 欧债危机——德国国际货币权力的扩张

运用其高超的外交手腕在欧洲纵横捭阖，却没有得到；希特勒运用战争的手段，花费高昂的代价，几乎将欧洲变成战争的废墟，也没有得到。但是现在德国通过欧洲一体化，通过共同货币欧元得到了！面对欧债危机对欧元的冲击默克尔曾有一句名言：欧元的失败就是欧洲的失败。其实后面应该再加一句：欧元的失败也是德意志人千百年来处心积虑统一欧洲梦想的彻底破灭！正是从这个意义上说，对德国而言，欧元的去留并非一个成本收益的理性计算，欧元是德国的核心国家利益，对自身核心国家利益的维护与追求不存在讨价还价的余地，德国不会在当维持欧元成本大于收益的那一个点到来之时放弃欧元，因为这个临界点根本不存在，欧元存在本身就是德国最为核心的国家利益，保卫欧元所花费的任何成本与承担欧元崩溃所付出的代价相比都是微不足道的。

但是德国的"欧元保卫战"不是单向度的，德国的另一个政策目标就是要在维护欧元区完整的过程中"控制成员国的财政权"。在欧债危机的背景下保持欧元的稳定，唯一的出路就是实施某种债务共担机制，帮助陷入债务危机的国家逐步恢复融资能力。要做到这一点，无论是发行统一的欧元债券还是允许欧洲央行充当最终贷款人的角色，最终侵蚀的是德国人自己的融资能力和对其他成员国融资能力的控制权，德国人只有在能够得到更大回报的情况下才有可能出让这些权力，这一回报就是其他成员国的"财政权"。德国政府在欧债危机爆发初期曾经试探性地提出要在欧盟层面任命"预算专员"来监督成员国的政府支出。随着危机的加深，欧盟内部成员国之间的力量对比也发生了变化，德国的地位和作用越来越突出，其在督促成员国交出"财政权"的力度也在不断加大，在2012年10月欧盟峰会前夕，德国财长就抛出一个计划，要求加强欧盟委员会负责经济和货币事务的委员的权力，将其改造成一个"超级委员"，赋予其监管成员国预算的权力，即便成员国预算在该国议会中通过，货币委员仍然可以否决这个预算。所以对德国而言，应对欧债危机的过程也是一场德国以自身"融资能力"换取其他欧元区成员国"财政权"的政治博弈。德国其实并非像许多观察家所认为的那样，在欧债危机中自恃本国强大的经济实力和如日中天的国际威望开始偏向狭隘和自私的"经济民族主义"，顽固地反对任何发行"欧洲共同债券"或者建立某种形式的欧元区债务共担机制的政策理念和制度设计，只不过是因为德国"控制成员国财政权"的要价还没有被完全满足，一旦在这个问题上与其他成员国达成妥协，德国会积极推动和实施以"债务共担"为核心内容的欧洲财政一体化。

"保卫欧元"与"控制成员国财政权"这两个目标总体上是一致的，因为欧元的存在是德国拥有和行使"国际货币权力"的基础，而对成员国财政权的控制则可以避免德国在应对欧债危机过程中自身的"国际货币权力"被弱化或者侵蚀；但是在具体实施过程中这两个目标会有相互矛盾的地方，如果要维护欧元区的完整，那么短期内就不能把陷入危机的国家逼得太紧，而是要进行资金援助，避免他们真的因国家财政走向破产而脱离欧元区，进而导致欧元崩溃；但另一方面，如果要取得对其他成员国的财政权，那么就必须要保持一定的财政压力，通过卡住融资渠道来逼迫其他国家让步。在欧债危机的不同发展阶段，德国政府也在根据形势的变化对这两个政策目标的先后次序和优先程度不断地进行微调。正是因为这两个政策目标的内在逻辑存在着相互冲突的地方，所以德国应对欧债危机的态度和措施才会出现看似相互矛盾、前后不一的情况：一方面积极主张建立政治联盟，另一方面却坚持拒绝发行统一债券的提议；一方面在救助问题上显得迟疑、生硬甚至见死不救，另一方面却"真金白银"地投入自身财政资源全力"保卫欧元"；一方面反对建立欧元区债务共担机制，严格到近乎无情地监督其他成员国实施财政紧缩政策，另一方面却又支持欧洲央行以购买国债的方式为成员国政府融资，在实质上将陷入危机国家的债务在欧元区内分摊；一方面高举反对

第六章 欧债危机——德国国际货币权力的扩张

通货膨胀的道义大旗,另一方面却悄悄默许甚至"暗中指使"欧洲央行偏离"稳定物价"的最高货币政策目标,容忍其大开货币"水龙头"的相关操作。如果梳理一下德国在欧债危机中的政策演变过程,可以看到其基本上是由这两个目标之间的互动决定,德国政府根据欧债危机发展的具体态势会对两个目标之间的优先次序进行调整和变动,进而形成了在外界看来似乎相互矛盾甚至充满争议的各种政策组合。

为了便于讨论,本书将此次欧洲主权债务危机的发展过程划分为五个阶段。这一划分主要遵循两个标准:一是在欧债危机不同时期金融市场动荡的严重程度及其主要表现方式;二是鉴于欧洲央行在此次欧债危机中对稳定金融市场所发挥的决定性作用,将德国政府对欧洲中央银行发挥其职能的"容忍度"的逐步改变作为划分阶段的一个重要标准。通过梳理欧债危机的发展过程,可以很清楚地看到,德国对这两个相互冲突而又内在一致的双重目标的调整,基本构成了决定欧债危机主要走势的主线。

第一个阶段为 2009 年底到 2010 年 4 月。这一阶段危机的主要表现形式是"希腊危机",欧盟以及包括德国在内的多数成员国在这个时候更多地将希腊的债务问题看成一个孤立的"个案",并没有意识到其将会在短期内迅速地在欧元区引发连锁反应,还可能危及欧元的安危,并且把希腊陷入危机的原因归结为其政府没有认真遵守《稳定与增长公约》中对财政赤字和公共债务的规定,所以在这一时期欧盟及其成员国面对"希腊危机"很有默契地采取欧盟相关条约中的"不救助"原则,将"希腊危机"视为希腊自己的"国内事务"。默克尔在这一阶段的名言是:不会救助希腊一分钱。[1]

---

[1] "Merkels Wendemanoever", in *Financial Times Deutschland*, 8 Oct., 2012, http://www.ftd.de/politik/deutschland/:besuch-in-griechenland-merkels-wendemanoever/70101452.html(最后访问时间:2012 年 12 月 10 日)。

第二阶段为 2010 年 5 月到 2011 年 11 月。这一阶段是真正的"欧债危机"。从 2010 年 5 月开始,"希腊危机"频频引发欧元的动荡,并且迅速向其他欧元区国传导,2010 年 11 月爱尔兰因国债市场受到冲击而陷入财政危机,2011 年 3 月葡萄牙也步爱尔兰后尘陷入危机;另一方面主权债务危机又引发欧洲商业银行间的流动性危机。在这一阶段德国的立场非常明确——将整顿和调整那些深陷债务危机国家的财政状况、主动介入对这些成员国财政政策的改造和监督放在了更为优先的地位。在成员国没有让渡足够财政权的情况下,德国不仅拒绝任何在欧元区建立债务共担机制的提议和设想,而且强烈地反对欧洲央行在二级市场购买成员国国债这种变相为成员国政府融资以稳定市场的政策操作。这一时期的德国危机应对政策更多地体现为保持对危机国家强大的财政压力,迫使其按照德国的理念调整本国的宏观经济政策。在具体的救助措施上,以附带严格的紧缩政策为条件通过双边或者多边的贷款为陷入债务泥潭的国家提供资金,以缓解其燃眉之急。比如欧元区国家先是联合 IMF 推出金额为 1100 欧元的救助希腊的方案,之后欧盟又联合 IMF 推出了资金规模为 7500 亿欧元的救助机制。但这些都属于救急性质的治标方法,并不能从根本上化解危机。西班牙、意大利等成员国以及欧盟委员会都呼吁建立合理的欧元区债务共担机制,从制度上根本性地解决债务危机,并且避免未来再次发生类似的危机,但都被德国所拒绝。

第三个阶段为 2011 年 12 月至 2012 年 6 月。这个阶段有两个特点,一是主权债务危机从欧元区外围国家希腊、爱尔兰向核心国家西班牙、意大利甚至是法国蔓延;二是主权债务危机和欧洲商业银行系统危机之间的恶性循环加剧。这一时期欧元真正到了"最危险的时候",而德国在"控制成员国财政权"方面的努力也取得了进展,所以也随之开始调整其政策目标的优先次序,将"保卫欧元"与"控制成员国财政权"放在同等的地位,甚至前者还要稍稍更为靠前一点。德国这一政策调整的标志

第六章 欧债危机——德国国际货币权力的扩张

性事件就是在 2011 年 12 月 5 日欧盟峰会召开前夕，德法首脑首先举行了会谈，就建立财政联盟达成一致。而随后于 12 月 9 日召开的欧盟领导人峰会实际上是将德法倡议法律化，欧盟 23 个国家（欧元区 17 国加 6 个非欧元区国家）同意缔结政府间条约，即新的财政协议，以强化财政纪律。协议中的财政法规将写入成员国的法律，它将带来更加强化的财政纪律、更完善的自动制裁机制，以及更严格的监管。新的财政协议背后反映的就是一种德法间"以融资能力换取财政权力"的政治妥协：法国帮助德国约束其他成员国的财政纪律，而德国则不再反对欧洲央行在二级市场上通过短期操作来购买成员国债券，以此为深陷危机的成员国提供流动性，提高其融资能力。

随着德国政策的调整，欧洲央行的角色开始发生变化。在 2011 年底之前，由于德国的压力欧洲央行的政策一直还是以物价稳定为核心，只能小规模、打擦边球式地、非常小心翼翼地为陷入危机的国家融资，以稳定欧元。在德法达成妥协之后，欧洲央行果断地、大手笔地推出两轮总规模约 1 万亿欧元、期限为三年的 LTRO（Long Term Refinance Operation，即长期再融资操作），主要目的是向欧洲的商业银行提供低成本资金，缓解银行业的流动性短缺问题，避免欧洲银行业受主权债务危机的传染而爆发危机，欧洲央行的此项措施一举稳定了金融市场。LTRO 是欧洲央行的常规货币政策工具，但一般期限为 3—6 个月，并且利息浮动，银行为获取资金需要向欧洲央行提高合格的抵押品。但这两轮 LTRO 期限延长为三年，并且放宽了金融机构所提供的抵押品的质量和条件。同时也扩大了交易对手的范围，原来有 500 多家商业银行可以向中央银行进行抵押贷款，在此次 LTRO 的操作中放松到 800 多家，欧洲央行以 1% 的固定利息向商业银行提高贷款。这在实质上等于欧洲央行在向欧洲的金融机构提供近乎无限的流动性，欧洲央行逐渐在向"最终贷款人"的角色迈进。对此，德国人并没有提出异议。

第四个阶段为 2012 年 7 月至 10 月。这一阶段最为显著的特征就是随着欧债危机在 2012 年夏季达到最高潮，德国明确将"保卫欧元"放在了政策目标的优先地位。2012 年 8 月 24 日，在默克尔会见希腊总理时公开表态，认为希腊应该留在欧元区，并且在这之后又批评了德国一些政治家频繁要求希腊退出的言论。这意味着德国政府放弃了之前为保持对希腊的压力，故意在希腊退出欧元区的问题上所持有的模糊态度，而是发出确定的信号：德国不会让希腊退出欧元区。德国在希腊问题上立场的转变，大大缓解了市场对希腊退出欧元区之后所带来的众多确定性和巨大风险的忧虑，极大地增强了投资者对欧元的信心。更为重要的是，德国政府终于下定决心积极推动和支持欧洲央行实质上履行"最终贷款人"的职责，欧洲央行在 9 月启动直接货币交易（OMT, Outright Monetary Transactions）计划，宣布准备在二级市场无限量购买成员国多至三年期的国债。这相当于欧洲央行准备以无限的流动性来对付市场上针对欧元区解体的各类投机资本，真正担当起中央银行所肩负的稳定金融市场的职责。此后欧元区的国债市场趋于稳定，从整体上来说金融层面的欧债危机基本结束。

第五阶段为 2012 年 11 月至今。德国政府政策目标的重心再次回到"控制成员国财政权"上来，默克尔政府决心要"重建"欧洲经济与货币联盟，而这一重建计划的核心就是赋予欧盟机构在成员国政府违反欧盟预算纪律时直接干预的权力。

希腊和西班牙国内财政问题的恶化是欧债危机发展的两个重要节点，前者引爆了危机，后者则把危机引向深入。德国对援助这两个国家的立场和政策充分体现了其双重目标的冲突性和一致性。

（二）"托管"希腊

在此次欧债危机中，希腊退出欧元区被许多经济学和国际金融机构

第六章 欧债危机——德国国际货币权力的扩张

认为是合乎逻辑的选择,但是最终希腊选择接受苛刻的紧缩条件,留在欧元区。这其中的关键在于希腊退出或是留在欧元区更多地是一个政治选择,而不仅仅是一项纯粹遵循经济逻辑的选择。德国担心希腊退出后会出现像 2008 年美国雷曼兄弟公司破产所引发的"多米诺"效应,导致欧元区解体,这会让德国付出巨大的政治成本。在德国政府内部主张希腊退出的声音一度非常强势,并且得到了德国民众的支持,但是德国政府最终还是选择确认希腊留在欧元区。2012 年 8 月 6 日,德国外长维斯特维勒在柏林表示(要求希腊退出欧元区的)这些声音是危险的,德国社民党(SPD)也认为这些言论忽略(希腊退出)对整个欧元区的巨大成本,默克尔所在的基民盟(CDU)议会党团副主席迈克尔·麦斯特(Michael Meister)认为虽然退出欧元区的决定权在希腊,但退出会损害很多并且无益于问题的解决,同时带来新的不确定性。德国政府的政治精英还是最终达成共识:要维持欧元区的完整,就要让希腊债务危机具有可控性,要有让希腊债务危机具有可控性,就要让希腊留在欧元区。让希腊留在欧元区虽然要付出代价,并且是长期的代价,但最起码风险可控,一旦希腊退出,希腊可以自由行事,那么就无法掌控希腊所带来的风险,不确定性将更大,并将直接威胁到欧元的存在。作为欧元的最大受益国,这是德国要竭力避免的。

正是德国最终下定决心让希腊留在欧元区,向市场传递了支持希腊的信号。所以,"三驾马车"对希腊执行紧缩政策的评估报告的出台过程中虽然表面上双方剑拔弩张,吵得很凶,但实际上市场已经吃下了"定心丸",知道对希腊的援助方案会有惊无险的通过。当双方谈判关于落实援助资金之时,在公开信息层面大多是关于希腊与核查团紧张关系的负面消息,在具体的紧缩政策实施方案上,双方分歧明显,并且呈现出互不退让的局面。2012 年 9 月 23 日,核查团透露:希腊的财政漏洞比想象中要大,有 200 亿欧元的账需要补上。按道理说,这些事情应该会引起市场的波动，以及欧洲政治家的一些反应，但是事实上，市场对此反应较为平静，欧洲领导人也没有对此进行特别的评论。9月23日，在德法首脑庆祝双方和解50周年的媒体见面会上，默克尔对希腊问题只字未提，而法国总统在讲到希腊问题时，只说了一句话：关于希腊问题可以确定的是，"三驾马车"取得了进展。这说明对于解决希腊问题，无论是德国还是法国都已经是成竹在胸，"三驾马车"的核查报告更多是给德法在解决希腊问题的方法和理念套上了一件标识着"公允"、"客观"、"体现欧洲共同意志"的马甲，让德法的意见通过欧盟机构来具体实施，弱化"德法轴心主导"的色彩。而市场也非常明白这一点，所以也就没有像之前一样风声鹤唳，作出过度反应，因为德国逐渐明确了自己的底线。既然德国不会让希腊退出欧元区，要做到这一点，就不能把希腊往"死"里逼，必须要让希腊能够得到必要的资金来恢复经济。而希腊也非常明白，自己以退出欧元区为要挟的伎俩已经被识破，不能再玩这种边缘游戏了，希腊自己知道，留在欧元区才能最大限度地维护国家的整体利益，所以，希腊是真心要配合德国的要求。

"三驾马车"并非一个拥有独立地位的第三方，更不掌握解决希腊问题的钥匙。在2012年9月17日媒体见面会上，默克尔不是在正式演讲的部分，而是在即兴回答问题时谈了自己对"三驾马车"的定位，默克尔说："三驾马车"是我们的特使，他不是一个什么邪恶的发明，而是给我们政治家提供决策基础的特使。所有这些（指核查报告提出的建议和意见）最终要在德国联邦议会表决。理论上，"三驾马车"由IMF、欧央行和欧盟委员会派出，是独立于成员国的，是需要独立提出不受成员国干涉的意见的，但是默克尔认为他们仅仅是"我们的"（指默克尔这样的成员国领导人）特使和代表，任务是为默克尔这些政治家提出决策依据，这就把核查团降低到一个参谋的地位，而不是像预先规定的，希腊能否得到第三笔援助以核查团的报告结果为准，核查团的报告结果直接

第六章 欧债危机——德国国际货币权力的扩张

决定对希腊的救助政策。最后，默克尔说核查团的意见也要德国议会表决。这就意味着核查团的意见要符合德国的要求，不然在德国通不过。有了这几道杠杠，核查团的报告要体现德国的意图是再当然不过的事了。市场当然也明白这一点，所以纵然希腊和核查团针锋相对，搞得气氛很紧张，但是市场反应平淡。市场的想法很简单：欧洲中央银行无限制地购买成员国债券这样看似"大逆不道"的事情德国都能允许，希腊的这300多亿欧元救助款不算什么，肯定双方会最终达成协议的。所以，希腊通过"三驾马车"的审查，最终获取救助资金实际上是一场有惊无险的博弈，过程紧张，但结果早已确定。

再往后发展，希腊实际上已经不再成为问题，因为希腊要留在欧元区已经是决定了的，再加上希腊经济规模有限，欧洲央行表示会无限购买成员国债务的坚定表态也基本切断了希腊危机向其他国家传染的渠道。关键是如何重组希腊的债务，因为沉重的债务负担给希腊的经济增长套上了沉重的枷锁，使其很难走出债务危机的阴影；另一方面以希腊的经济状况，已经不具备正常偿还债务所需要的支付能力。在2012年12月初的欧元区财长会议提出了一个债券回购计划，让希腊折价回购不超过400亿欧元的债券，以便在未来八年内将希腊债务与国内生产总值（GDP）之比降至120%。根据财长们讨论的一项提议，希腊可以面值30%左右的价格向民间持债人回购债券，以便削减其巨额债务。当时希腊国债的交易价格仅为其面值的20%—30%。如果希腊回购这些债券，希腊将能够用不到100亿欧元的资金，来削减400亿欧元的债务，而这将使希腊债务/GDP的比例下降11个百分点。回购资金的融资问题，一半资金可以由希腊筹集，另一半可以来自欧洲央行持有的希腊债券获利。这一回购计划随后付诸实施。

2012年12月12日，希腊的国际债权人认为其债券回购取得成功，为希腊政府获得援助开绿灯。从而避免破产的道路，尽管该国未能达成债务削减目标。在路透社得到的一封德国政府写给议员的信件中，德国财政部认为"整体而言回购可以称作是成功的，对希腊进行进一步金融援助的其他条件已经得到满足"。债券回购计划原本希望把希腊债务相当于 GDP 之比减少 11 个百分点，但这封信函中显示仅减少 9.5 个百分点。这意味着 2020 年时，希腊债务相当于 GDP 之比仅能降至 128%，高于之前 124% 的预期。而随后希腊财长也宣称，希腊在 2014 年有望恢复经济增长。自 2008 年以来希腊的经济已经萎缩了将近 25%。在通过债券回购计划削减了部分债务负担，并且获得了等待多时的救助资金之后，希腊危机暂时告一段落。如果回顾一下希腊获取救助资金的整个艰辛过程，可以看到两个特点：第一，德国的主导作用，这不仅仅是体现在德国从宏观上决定了整个援助希腊的进程的步伐快慢，还表现在德国提供的具体建议都付诸实践，比如债务回购计划本质上就是德国提出的建议。第二，贯彻了"先上交财政权，再获取救助"的基本原则，希腊在财政问题上基本上处于被"托管"的状态，其政府预算和支出都要经欧盟同意，其中最为重要的是需要德国人的首肯。援助希腊这一案例背后所体现的原则基本上贯彻了德国政府整个欧债危机的应对过程。

（三）"威逼"西班牙

在欧洲央行推出 OMT 之后，陷入危机的意大利和西班牙的外部融资环境都趋于好转，不仅意大利国内市场对意大利国债的需求非常旺盛，国外投资者也认购意大利国债非常踊跃。截至 2012 年 11 月，意大利在 2012 年已经发行了价值约 280 亿的国债，基本能够满足政府在 2012 年度近 90% 的资金需求，并且意大利在资本市场上的融资成本还在可以承受的范围之内，基本上可以说是熬过了这次危机。

西班牙一直被认为是需要申请救助的欧元区国家，作为此次危机中西班牙的难兄难弟兼盟友——意大利，其总理在 2012 年 10 月 12 日也公

第六章 欧债危机——德国国际货币权力的扩张

开主张西班牙申请，因为可以稳定金融市场。欧盟经济货币事务委员瑞恩（Rehn）在10月12日也进行了相似的表态，开出优厚条件，表示如果西班牙申请救助，要专门拨出一部分救助资金从一级市场购买西班牙国债。欧洲央行执行董事伯努瓦·科尔（Benoit Coeure）也说，即使欧盟不出钱，欧洲央行也会买西班牙国债。多数欧元区其他领导人也是主张西班牙尽快申请，没有必要浪费时间。但是西班牙自己对申请救助看上去越来越不着急，从之前的表示要考虑，到之后一直表态说"没有决定要申请救助"。西班牙之所以迟迟不申请救助，原因不在别的，而在于西班牙与德国的博弈还没有结果。

如果西班牙申请救助，那么救助方案大致会包含四点：第一，从EMS得到一笔援助资金（这个实际是次要的，并不是西班牙最想要的）；第二，降低西班牙的融资成本，EMS从一级市场购债，欧央行从二级市场购债；第三，西班牙需要缩减支出（政府预算），进行一系列结构改革（主要是通过削减社会福利来降低劳动力成本）；第四，对援助资金的使用实施严格的外部监控。比如西班牙需要定期汇报，欧盟机构监督西班牙财政整顿政策的实施效果。除第一点外，其他三点西班牙与德国都有分歧，导致共识难以达成。

西班牙申请救助的问题，由欧盟委员会和西班牙财政部具体负责，双方其实早在西班牙陷入危机之初就已经开始就具体事宜展开谈判，谈判的分歧主要集中在两点：第一，部分欧元区国家（主要是德国）希望为西班牙的紧缩政策的实施设置一个有约束力的时间表，比如，每三个月要报告，特别是对预算和改革措施进行严格的控制，西班牙对此甚为抗拒。第二，西班牙最想要的是欧央行对其国债无限购买的承诺，而不是EMS的救助资金，这样西班牙就可以自行从资本市场获取资金，而尽可能少地从EMS接受具体的资金援助，需要的资金越少，欧盟就越没有理由附加太多苛刻的条件。所以，西班牙想知道欧央行的底线：这个

"无限购债"到底是什么含义,规模、介入时间如何?"无限"到底是多少金额?具体如何操作?但是,对于欧洲央行来讲,"无限购债"主要是为了对付金融市场上的投机者,稳定金融市场,不太愿意过于明显地为政府财政融资,所以,欧央行肯定不太愿意告诉西班牙"无限"到底是多少?另一方面,为了保持对西班牙实施改革和财政紧缩政策承诺的监管力度,对"无限购债"的定义进行模糊处理可以让欧洲央行更为主动,欧央行可以随时购债,也可以随时停止,也可以自己决定购债的规模,而不用具体承诺。不对"无限购债"进行具体解释,这样欧央行就垄断了对"无限购债"政策的独家"解释权",这相当于让西班牙始终头顶悬了一把剑,如果不好好履行紧缩和改革的承诺,欧央行随时都有能力让西班牙重新承受高融资成本的巨大压力。当然,在这一点上,德国和欧洲央行是一致的。

正是因为这些不确定性,西班牙在申请救助的谈判中采取了拖延策略,故意用拖延的手段赢得谈判筹码。因为越拖,就越对整个欧元区经济造成更大的不确定性,所以欧盟和大多数成员国都希望西班牙赶紧申请,这对整个欧元区经济的稳定有利,而西班牙正是利用这种情势,反客为主,用"拖"来为自己争取更好的救助条件。西班牙这么做是有底气的,首先,在德国允许欧洲央行实施OMT之后,包括西班牙在内的陷入危机的成员国国债利率大幅下降。西班牙的融资成本相比危机之前虽然高,但是还可以承受,并没有过分地高。比如在10月18日西班牙就拍卖一批国债,分别为三年期(利率4%)、四年期(4.25%)和十年期(5.85%),所以可以通过资本市场融资支撑一阵子,也就是说暂时"拖"得起;其次,经过之前欧央行一系列的行动,金融市场已经不敢再对西班牙国债进行投机了,西班牙的顾虑就少了,不再害怕自己国债利率再次过分上升。在2012年10月标普虽然降低了西班牙的信誉,但市场反应冷淡就是例证;再次,目前,西班牙的财政状况可以支撑一阵子。

第六章 欧债危机——德国国际货币权力的扩张

对于申请救助，西班牙首相的托词是，他要研究一下具体的申请程序和内容。其实这根本不用研究，因为内容是非常明显的和透明的，无非两项：缩减开支和结构改革。所以，应该可以断定西班牙是在故意拖延。西班牙认为如果没有先从欧央行获取明确地关于购债计划的相关信息，没有搞清楚欧央行的政策前就贸然申请进入救助机制，自己会很被动，今后政府政策将很大程度上受制于人。希腊就是一个例子。西班牙非常明白，欧洲央行对国债市场干预的规模和范围实际是由德国所决定的，西班牙需要与德国谈判后，从德国获取一个对欧央行购债计划明确的承诺和支持。德国人非常清楚西班牙的经济规模和重要性，不能允许西班牙出事，必须要给西班牙足够援助让其实现稳定，恢复经济增长。但另一方面，也不能让西班牙太过"舒服"地度过危机，要保持对其的压力，逼迫其认真贯彻和实施紧缩和改革。所以，在西班牙何时申请救助的问题上，背后是西班牙和德国之间的相互较量。

德国财政部长在2012年7月底西班牙国债利率急剧攀升时说，多几个百分点世界不会塌下来。这句话虽然表现得多少有点缺少同情心和无情，但其真正的目的是"威逼"西班牙接受德国的条件。2012年7月28日，西班牙欧洲事务部长伊尼戈·门德斯·德维戈（Inigo Mendez de Vigo）接受德国《图片报》采访时针锋相对地说，没有哪个国家像德国一样在欧盟内部贸易中获利。"二战"后德国在困难时得到了很多帮助，许多国家为了德国的发展放弃了赔款，这些德国不应忘记。这里反映出的态度就是，西班牙对德国的看法还停留在20世纪90年代，觉得"搭便车"分享德国的融资能力是理所当然的，德国出钱援助危机国家也是应该的，所以不太习惯德国的强硬态度，以接受苛刻的监管为条件接收援助。西班牙曾在2012年6月提出要引入共同债券，在9月提出要组建财政联盟，发行共同债券，对此德国人都反应冷淡，都拒绝了。所以，围绕西班牙申请救助的谈判是双方在玩的一个边缘政策：这是一个"谁比谁更大胆"式的游戏。西班牙的想法是,暂不申请,看德国能承受多长时间因为西班牙不申请而导致的金融市场不稳定。随着危机加深,逼迫德国为使西班牙申请救助而不得不放松救助条件,同时欧央行也要明确其购买国债的具体计划,德国也要保证同意欧央行的干预措施能够落实。而德国的想法是,如果西班牙不申请就绝不会提供额外的救助资金,一直要等到西班牙财政支持不下去了,最终愿意遵守申请救助所要达到的各种条件为止。双方最终在比赛耐力:是德国因为不能忍受西班牙不申请而导致的金融市场继续动荡,所以先让步;还是西班牙因为最终财力耗尽而先退让,决定申请救助,并接受相关的条件。

三、欧元区的未来:走向"德国式"财政联盟之路

历史的力量无处不在。无论人们愿意与否,历史总是以一种特有的方式影响着现在与未来,同时,人又并非只是被动地接受历史的支配,每一代人都会以新的眼光来看待过去,但这种被重新解释的历史将会又一次对人类现在和未来的行为产生影响。对于这种历史与现实的双向互动爱德华·卡尔称之为今日社会与昨日社会之间的对话,他认为只有借助于现在,我们才能理解过去;也只有借助于过去,我们才能充分理解现在。使人理解过去的社会,使人增加掌握现在社会的能力,这就是历史的双重作用。[①] 中国的历史学家钱穆也有一句名言:在现实中发现问题,到历史中寻找答案。当学术界和政策界热心地为欧洲如何走出此次主权债务危机出谋划策,对欧元区的前景作出或悲观或乐观预测,对未来"欧洲大厦"的建设规划宏伟蓝图之时,认真地回顾一下"主权债务"诞生的历史及其之后发展的轨迹将会对此不无裨益。

---

① 〔英〕E. H. 卡尔:《历史是什么》,陈桓译,商务印书馆2007年版,第146页。

第六章　欧债危机——德国国际货币权力的扩张

在人类历史上私人之间的借贷行为和债务关系源远流长，几乎与人类的历史一样长。而"主权债务"或者"国债"相比之下要"年轻"很多，仅仅才几百年的历史，现代意义上的国债恰恰起源于债务危机。西欧历史上战争不断，大大小小的国王为给战争融资而经常深陷债务泥潭，"国债"就是为解决国王们的财政困难，偿还其巨额的负债而发明出来的一种融资手段。在国债产生以前，西欧历史上这些国王的借款活动是以国王的个人名义来进行的，本质上是国王的私人债务。但是借款给国王要冒很大的风险，这些国王为了逃避偿债义务，经常宣布自己之前从商人手里借来的钱为商人本应缴纳的税金，不再予以偿还；或者新继位的国王不承认前任国王所欠下的债务。由于国王的这种经常性违约，导致其信誉很低，在借款之时不得不支付比一般商人要高的利率。这样就出现了一个恶性循环：国王要支付的高额利息加重了其财务负担，经常使其陷入债务危机。而面对债务危机国王经常又以违约的方法来解决；这让国王在借贷市场上信誉扫地，其在今后的借款中必须支付更高的利率，而沉重的利息负担会很快又一次导致国王陷入债务危机以及接踵而来的再次违约。这个恶性循环让国王的负债能力失去了可持续性，无法正常借贷的国王经常会面临财政困境，为了实现低息借款，国王们想出了一个新办法：把国王的"私人债务"转换为由一个比国王信誉更高的公共机构所发行的"公共债务"。这就是现代国债的"雏形"。

在16世纪，奥地利的哈布斯堡王朝为了筹集对法战争的资金，利用其领地荷兰联邦的议会的信用来为其发行债券。在债权人看来，皇帝和国王总有一天会去世，债务的继承人也不确定。而议会是永久性机构，其信用度要高于国王。哈布斯堡皇帝为了长期以低息筹集巨额资金，将用于偿还本息的税收交给了荷兰议会。不仅如此，在1542年又将设立新税种，以及决定财政支出的权限交给了议会。在英国"光荣革命"之后，来自荷兰的威廉继承了英国的王位，威廉也把荷兰的这套国债制度带入了英国。这种通过议会加强对预算的管理,以税收作为利息担保的国债诞生后,英国政府的融资能力大大加强。在"光荣革命"前夕英国的财政支出只占 GDP 的 2%—3%,国王的债务仅为 100 万英镑,然而这些债务的利率为 6%—10%,有时甚至达到 30%;在"光荣革命"后的 1697 年英国的债务激增到 1670 万英镑,相当于 GDP 的 40%,债务的规模要远大于"光荣革命"前,但是英国政府所要支付的年利率并没有因债务规模的急剧膨胀迅速攀升,而是仅为 7.6%。[1] 国债产生、发展的历史在背后实质上体现的是一个具有普遍意义的解决债务危机的逻辑:陷入债务危机的国王交出征税权、预算权等自己原先所掌控的财政权力给更具公信力的机构——议会,作为回报,国王获得了更大规模、更具可持续性和成本更低的廉价资金。这一解决国王债务危机的办法并不是让国王勒紧裤腰带还钱,而是把国王的"私人债务"转化为国民共同承担的"公共债务",也就是国债。而国王所必须付出的代价就是交出自己的财政权,议会可以通过公共预算控制来约束国王的开支。这个过程意义重大,因为其中蕴含着根本性的制度变革。历史上西欧国家在用"国债"的办法解决国王债务危机的这一进程实质上也就是"资产阶级革命"的进程,因为正是在国债制度的诞生、发展和不断完善中"王权"受到越来越多的限制,西方国家逐步形成了"议会民主制"、"三权分立"等一系列现代西方国家体制。

美利坚合众国的建立也是遵循了与其欧洲先辈们一样的逻辑。独立战争刚刚结束后的美国实际上只是由十三个州组成的松散邦联,每个州其实都相当于一个主权国家,相互之间是平等的,不存在彼此隶属和制约关系。中央对各州的公民没有直接管辖权,邦联国会颁布的任何法令须得到州政府同意后,才能对该州人民产生约束力。邦联政府既无权向

---

[1] 〔日〕富田俊基:《国债的历史——凝结在利率中的过去与未来》,彭曦、顾长江等译,南京大学出版社 2011 年版,第 14—59 页。

第六章 欧债危机——德国国际货币权力的扩张

国民征税和发行统一货币,又无权管制州际贸易和对外贸易,政府所需经费取决于各州是否缴纳和缴纳多少。如果从权限上来讲,当时美国邦联制下的中央政府还要远逊色于今天的欧盟。美国在独立后不久就遭遇债务危机,因为美国各个州和大陆会议在独立战争期间所发行的大量债券在战后无法兑现。美国解决此次债务危机的办法是由中央政府全部接收各个州的地方债务,一次性地免除各个州的债务负担。作为回报,中央政府从各州获取了征税权和管理国际贸易的权力,紧接着中央政府就成立财政部,以中央政府的信用为担保发行新的国债,用筹来的资金偿还各州之前欠下的债务。这一债务危机化解之道同样遵循了"以财政权力换取融资能力"的原则,把原先各个州的"私债"转换为由整个联邦共同承担的"国债",而州则将原属自己的财政权(主要是征税权)让渡给中央政府。这场债务危机也让美国的政治制度发生了根本性的变革,促使美国通过了新宪法,美国从原先松散的邦联转变为由中央政府统一行使主权的联邦国家。①

如果用历史比照一下当今的欧债危机,可能会更加清晰地看出欧洲走出债务危机的路径。今天的希腊、爱尔兰甚至是意大利和西班牙就像历史上陷入债务危机的西欧的大大小小的国王,或者是那些美国独立战争后没有偿债能力的州,不仅债台高筑而且因为信誉太差而必须承受超出自身能力的融资成本,导致债务负担不再具有可持续性。解决之道很可能就像历史上所发生过的一样,把这些"国王"(陷入危机的国家)的私债,转化为"国债"(欧盟或者欧元区成员国共同担保的债券),但是这些"国王"需要付出代价——交出财政权。这个从根本上化解债务危机的历史逻辑也是今天的德国人在应对欧债危机时所坚持的,也就是"德国式"财政联盟之路,这也是为什么德国政府一直督促成员国逐步上

---

① 关于美国独立战争后的债务危机与美国联邦制建立的历史,可以参考:Thomas J. Sargent, "United States Then, Europe Now", in *Journal of Political Economy*, Vol. 120, Issue 1, 2012, pp. 1–40.

交其财政权给欧盟超国家机构，坚持要赋予欧盟机构监督成员国财政的权力。

德国的政治经济精英已经开始认真地考虑走财政一体化的道路，建立某种形式的欧洲统一财政联盟。这种想法已经不再像欧债危机爆发初期那样因为碍于国内民众的反对而显得有些"政治不正确"，只能在精英层的小圈子内讨论，德国的政治家现在开始公开谈论建立财政联盟的可行性和具体步骤。2012年8月6日，德国社会民主党（SPD）主席加布里尔（Gabriel）在接受《柏林日报》（*Berliner Zeitung*）采访时公开表示，默克尔实际在暗地里已经偷偷地搞欧元区共同债券了，只不过是通过默许欧洲央行购买成员国国债的方式。但是同时，默克尔政府为了取悦选民，又在表面上反对共同担保欧元区成员国国债，默克尔实际是在玩弄一个双面游戏。他主张要让欧元区共同担保各个成员国的国债，同时各国要遵守相同严格的财政纪律。为了实现这一目标可以通过修改宪法来实现。他表示他将在德国社民党中央委员会提出这一建议，并且同时向欧洲其他国家的社民党人宣传推广这一建议。代表社民党参加2013年德国总理选举的前财长施泰因布吕克（Steinbruck）就公开以建立欧洲统一的债务担保机制作为自己的竞选纲领。

而欧洲的经济界特别是大企业更是非常支持走统一财政之路。法国米其林轮胎集团主席盛纳德（Senard）在接受《南德意志报》采访时说，欧盟国家应该更为团结，如果六七个欧洲国家更为紧密地坐在一起，讨论建立一个欧洲联邦国家，那么这将给欧盟和欧盟经济一个巨大推动。盛纳德在采访中谈及在一些国家的一些小圈子里面已经开始有了建立欧洲联邦的想法，这些小圈子认为应该从建立统一的财政预算入手。盛纳德表示非常支持这一想法，他说只有这样才能重新赢得人们的信心。欧元、统一的欧洲大市场符合欧洲大企业的利益，正因为此，他们是欧洲财政统一的支持者。假如未来欧洲政治家们真正坐在一起谈财政统一，

第六章 欧债危机——德国国际货币权力的扩张

欧洲经济界的主流应该是持欢迎态度的。

默克尔政府虽然目前仍然拒绝推出欧洲共同债券,但是也提出要建立某种形式的共同预算,计划建立一个每年金额为 200 亿欧元的欧元区共同预算,德国将承担约 1/3,预算初步将主要用于那些因为实施财政改革而国内经济增长陷入困境,并且失业率高企的国家。共同预算筹措资金的方式是开征新的税种,比如金融交易税。200 亿是个小数目,占欧元区 GDP 的 0.2%,远远小于欧盟 1300 亿欧元的预算规模(2012 年预算)。但关键在于这一政策的实质就是财政转移,将富裕国家的资金转移分配给贫穷国家,并且预算的来源不是从成员国政府收入中分摊,而是在欧元区范围内统一开征一个新的税种,核心思想是以"统一的税收"支撑"统一的预算",从这一意义上说,这个政策就是一个非常初级、微小和局部功能性质的统一财政的雏形。对德国人而言,可以用这一"小微"共同财政政策来应对实施"欧盟共同债券"的呼声,同时也可以借此搞一个"实验",为进一步更大规模的预算统一积累经验。此建议目前还处在可行性研究的阶段,没有进入实际政策操作。但这些统一财政的政策苗头是很值得注意的,很有可能预示着欧洲一体化的未来走向——搞"双轨制",先实现欧元区财政某种形式的统一,然后再考虑欧盟范围。

同时值得注意的是,为了降低德国地方州的融资成本,加强地方财政能力,德国政府计划在 2013 年发行由中央政府和地方政府共同担保的"德国债券"。目前德国联邦中央政府发行的五年期债券在市场上的利率为近 0.4%,而财政能力弱的州因为信用不佳,则为 0.8%,高出了一倍。如果中央政府和地方州政府联合发行"德国债券",意味着中央政府的信用将注入其中,那么这种"德国债券"的利率就会降低很多,财政能力较弱的地方政府因此就可以以很低的成本筹资。在"德国债券"的设计中,德国联邦中央政府并不是提供 100% 的担保,而是部分担保。在本质上"德国债券"设计思路的内核与欧洲统一财政下的"欧洲共同债券"是一样的，在欧洲逐渐启动财政统一进程的背景下，德国在这个时候推出"德国债券"，给外界提供了很大的想象空间，德国恐怕不单单是为本国的地方政府融资，很有可能是想借此实验一下"欧洲共同债券"的可操作性和实际效果，为日后真正的财政统一积累经验。可以说德国正在领导欧洲"小步伐"地迈向财政联盟之路。

四、欧元区的"基辛格电话号码"与欧债危机的平息

欧债危机深刻地改变了欧洲内部力量的对比，德国的这场"欧元保卫战"不仅很好地维护了德国的"国际货币权力"，还成功地实现了其"国际货币权力"的扩张，德国主导欧洲的色彩越来越浓。对于欧洲内部的领导权问题，美国前国务卿亨利·基辛格曾有句名言：要打电话给"欧洲"，打给谁呢？没这个号码呀！他认为欧洲内部力量分散、结构复杂，很难找到一个有决定权的对话伙伴。但是在此次欧债危机中美国似乎解决了"基辛格电话号码"问题，欧洲智库布鲁盖尔（Bruegel）的研究员让·皮萨尼-费里（Jean Pisani-Ferry）将2010年1月至2012年6月美国财长盖特纳开会或者通电话的对象以及次数进行了统计（如图6-1），排在前四位的分别为IMF总裁或者副总裁（114次）、欧洲央行行长（58次）、德国财长（36次）、法国财长（32次）和英国财长（19次）。

如果对图6-1中的信息进一步分析，可以大致确定美国在欧债危机期间所拨打的欧元区"基辛格电话号码"。因为IMF是全球货币金融体系治理中最为重要的国际机构，参与应对欧债危机是其职责所在，并且也非欧洲机构，所以可以先将其排除；排名第二和第三的分别为欧洲央行和德国，实际上欧洲央行并非能够完全超然于成员国政治之外，成为

第六章　欧债危机——德国国际货币权力的扩张

一个真正独立的货币政策机构，德国对欧洲央行有非常大甚至有时是决定性的影响力，所以图6-1中"欧洲央行"在某种程度上可以并入"德国"，如此一来可以基本确定德国是美国在欧洲最重要的对话伙伴。这一结果大致与欧债危机以来人们对德国不断上升的国际地位的感知相符合，这也难怪2012年《福布斯》杂志将德国总理默克尔列为全球权力榜中继美国总统奥巴马之后的第二位。

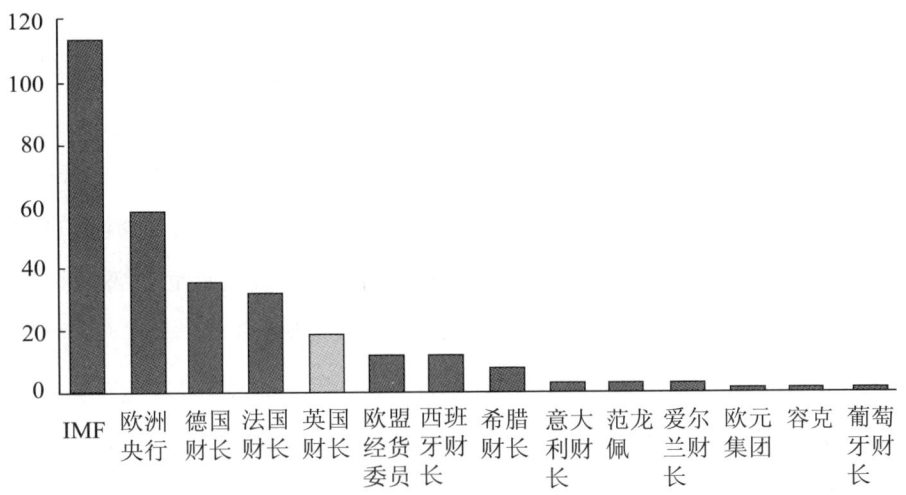

图6-1　2010年1月至2012年6月美国财长盖特纳开会及通电话的对象和次数统计

资料来源：Jean Pisani-Ferry,"Tim Geithner and Europe's Phone Number", http://www.bruegel.org/.

德国对欧洲央行的影响力在此次欧债危机中表现得相当明显，当德国政府在欧债危机初期坚决反对欧洲央行以购买成员国国债的方式稳定金融市场之时，时任欧洲央行管理委员会委员的两名德国代表——德国央行行长韦伯（Axel Weber）和欧洲央行首席经济学家斯塔克（Juergen Stark）——无论是通过在公开场合表达反对和批评意见，还是在实际决策中动用否决权，将欧洲央行干预市场的企图和行动死死地限制

德国马克的崛起——货币国际化的政治经济学分析
The Rise of Deutsche Mark—The Political Economy Analysis on Currency Internationalization

在德国能够容忍的范围之内,欧洲央行被迫保持一种"不作为"的姿态,这也被认为是"希腊危机"之后又迅速蔓延到欧元区核心国家的重要原因,欧洲央行因此备受抨击;而在后来欧债危机逐步深化,默克尔政府决定调整政策将"保卫欧元"放在政策目标的优先地位,支持和推动欧洲央行履行"最终贷款人"职责之际,韦伯和斯塔克也立刻"心领神会","及时地"先后辞职,默克尔任命自己信任的经济顾问魏德曼(Jens Weidmann)担任德国央行行长和欧洲央行管理委员会委员,财政部副部长阿斯姆森(Joerg Asmussen)担任欧洲央行执行委员会委员。

魏德曼出于捍卫德国央行"反通胀"的历史传统和理念,虽然也对欧洲央行大规模干预市场的做法表示不满,但并没有进行实质性的阻止;而阿斯姆森则不仅是默克尔在国际金融事务方面重要的助手和智囊,并且是处理雷曼兄弟破产所引发的德国国内银行业危机的最高负责人,他在德国银行业出现危机期间,就是果断地让政府为危机银行发新债提供担保,恢复这些危机银行的融资能力和信誉度,同时又让政府控股的金融机构给陷入危机的银行大规模注资。很明显,阿斯姆森解决德国国内银行危机的思路就是积极动用足够多的政府信用和资源以增强市场对陷入危机的银行的信心。他的这些经验和危机应对思路必定会影响其作为欧洲央行执委来应对欧债危机,后来的事实也证明了这一点,与其前任相反,阿斯姆森主张欧洲央行购买成员国国债以稳定金融市场的动荡。默克尔对魏德曼和阿斯姆森的任命标志着德国开始调整对欧债危机的应对政策,之后欧洲央行开始大规模干预市场,先是进行了两轮规模超过1万亿欧元的LTRO,接着又启动了OMT,宣布将会无限制在二级市场购买成员国国债。在这之后,欧洲央行行长德拉吉还在10月24日前往德国联邦议会,接受德国议员的质询。理论上欧央行完全独立于成员国政府,不对任何成员国政府负责,也没有义务接受其约束和指令,欧

第六章 欧债危机——德国国际货币权力的扩张

洲央行行长是不该出现在成员国议会这种内政色彩浓重的政治机构里的。同样的一幕还出现在德拉吉的前任、法国人特里谢身上，他也曾于2010年4月访问德国议会，就对希腊的首次财政援助的细节进行了说明。德国国内的政治风向和政治生态对欧洲央行的影响力由此可见一斑，而德国政府与欧洲央行之间的相互支持与合作的程度也是其他成员国所望尘莫及的，阿斯姆森担任欧洲央行执委后所提出的让希腊政府用救助资金在市场上回购自己债券，以削减其债务负担的建议在被德国政府认可后，也成为了目前重组希腊债务方案中的首先付诸实践的措施。当德国财长在2012年10月提出要加强欧盟委员会中货币委员会的权力，将其改造成一个超级委员会，赋予其监管成员国预算的权力的建议时，包括法国在内的众多成员国纷纷表示反对，害怕自己的财政权实际受到德国人的控制，而欧洲央行行长德拉吉则表示"完全支持"德国财长朔伊布勒的提议，并在接受媒体采访时公开表示，我确信，如果我们希望恢复欧元区信心，成员国就不得不将部分主权转交给欧洲级别的权力层。

正是因为德国在一定程度上拥有了欧洲事务的决定权，成为了所谓"基辛格电话号码"的所在国，并且具有赢得"欧元保卫战"的政治意愿，愿意担负起克服欧债危机的领导责任，欧盟及其各个成员国的政治、经济资源才被充分调动起来，使欧元区没有遵循主流经济学预测中的逻辑走向解体，反而实现了那些主流经济学分析范式里认为很难甚至是不可能做到的关键性制度安排和理念突破。这主要体现在三个方面：

第一，欧洲央行突破将稳定物价作为唯一最高货币政策目标的限制，开始承担"最终贷款人"的职责。在欧债危机达到最高潮之际，德拉吉在2012年7月26日的伦敦投资人大会上表示，欧洲央行将采取一些必要的措施来维护欧元。并且接着说，只要陷入危机的国家的国债风险溢价干扰了货币政策，这就属于我们（进行干涉的）权限范围。当时媒体的报道一般只重视德拉吉的前一句话，并且纷纷将"欧洲央行将全力拯救欧元"作为头条。其实德拉吉的后一句话更重要，因为它事实上意味着欧洲央行"巧妙地"改变自己和扩大了欧盟条约对"货币政策目标"这一定义的解释，即在"欧元区成员国国债利率上升"和"欧洲央行货币政策"之间建立了逻辑关系，以前"国债利率"与欧洲央行"货币政策"之间没有必然的联系，前者由市场自发形成，后者是货币当局的政策行为。货币政策不应干预由市场形成的国债利率，同时货币政策的制定也不应以国债利率为主要考虑基础。而德拉吉的讲话意味着一个"新逻辑"：过高的国债利率影响货币政策执行，所以过高的国债利率属于货币政策考虑的对象，是货币政策的一部分，既然是货币政策的一部分，那么欧洲央行干预国国债利率也就是在执行货币政策，是合法的，这样一来就在货币政策与政府财政之间建立起了一种联系，为欧洲央行干预政府财政奠定了一个合理的基础。但是这个逻辑明显与欧盟条约对欧洲央行的相关规定中所体现的理念是不太一致的，而一旦这个"新逻辑"成立，就大大扩大了欧洲央行具体执行"货币政策"的范围和内涵。欧洲央行正慢慢走向"最终贷款人的角色"，这一转变对欧债危机的解决至关重要。德拉吉的这套关于欧洲央行货币政策的"新逻辑"显然受到了德国政府的支持，默克尔在2012年的夏季媒体见面会上就是直接运用与德拉吉"如出一辙"的货币政策"新逻辑"来为德国应对欧债危机的立场和措施进行辩护。她说：什么是货币政策？货币政策就是欧洲中央银行首先有责任为国家和国家的经济提供资金。市场显然也是解读到了默克尔和德拉吉讲话中所体现出的欧洲央行角色的变化，动荡的金融市场迅速趋于稳定，做空欧元的投机资本不敢再轻易兴风作浪。

第二，为欧元区建立了隐形的财政转移支付机制。欧债危机的爆发在很大程度源于当初欧元的设计者们因为当时政治上阻力而无法完成与

第六章 欧债危机——德国国际货币权力的扩张

统一货币配套的相关制度建设,也就是经济学家经常所说的,欧元区没有统一的财政政策,无法在成员国出现国际收支失衡之时通过成员国之间的财政转移支付来渡过难关。但是欧元区作为一个整体而言其财政状况是比较健康的,经济竞争力也是非常强劲的。从宏观经济结构方面来分析,欧元区的财政状况还是非常健康的。首先,如图6-2所示欧元区整体债务规模在合理范围之内,如果将欧元区看做一个整体,其公共债务占GDP比重没有超过90%,这要远远好于日本和美国;其次,如图6-2所示,欧元区国家的债务基本上是期限超过一年的长期债务;第三,债务多为欧元区国家间内部持有;再次,最为重要的是,欧元区作为一个整体的话是对外贸易顺差,也就是说欧元区是收入大于支出,有支付能力。以2012年第三季度为例,7月份欧元区的贸易顺差为156亿欧元,8月份为66欧元,9月份为98亿欧元。欧元区的底子很好,债务危机的严重性有被有意无意夸大的成分。

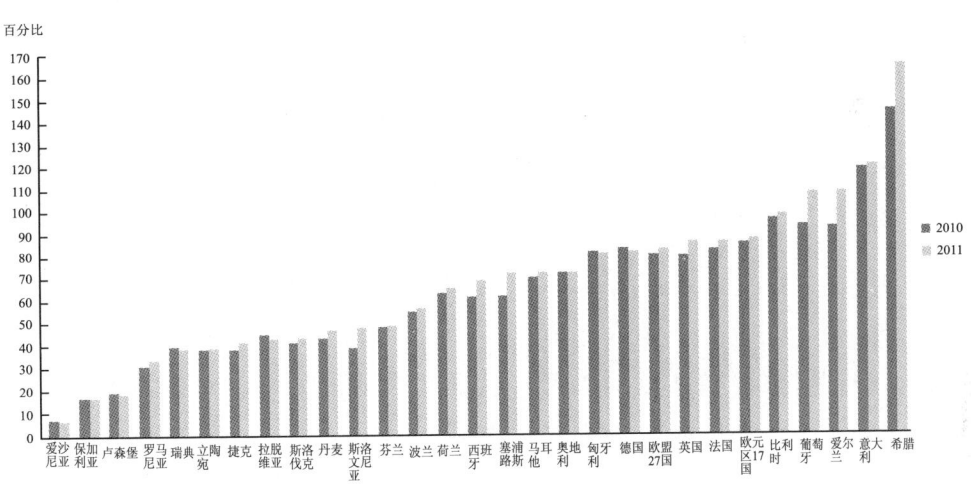

图6-2　2010—2011 公共债务占GDP的比重

数据来源:欧盟统计局

如果仔细分析一下欧洲国家主权债务的具体结构会发现，欧洲主权债务问题的严重性被过分渲染了，这在一定程度上影响了我们对欧债危机发展趋势的判断。大多数对此次欧洲主权债务的分析中都忽略了一个重要变量：欧元区国家主权债务的计价货币的构成。如图6-3和图6-4所示，欧元区国家的债务很大比重是以欧元来计价的，未来偿本付息也是用欧元支付，这样一来就不会出现发展中国家债务危机中的"货币错配"问题——也就是外债多以外币计价和结算而不是本币。发展中国家的债务多是用外币，所以一旦出现债务危机，国家的财政部和中央银行毫无办法，只能向国际机构和发达国家求助，因为这些发展中国家在短期内无法创造出偿还债务所需要的外国货币。1980年代的墨西哥债务危机和1990年代的东南亚金融危机都是如此，这些危机中的国家债务大多是美元计价和结算。而此次欧债危机不同，他们债务以本币，也就是欧元计价和结算，而创造欧元的权力是掌握在欧洲人自己手上的，只要他们愿意和达成共识，加紧印制出一批欧元还债是不成问题的，这样一来风险也就大大降低了。这是发达国家债务危机与发展中国家债务危机的一个根本区别，前者自己掌握解决危机的钥匙，而后者解决危机的钥匙在别人手里。欧元区能够熬过这次债务危机的原因还在于，事实上欧元区已经隐形地存在着财政联盟的一些架构。一些经济学家批评欧元的制度缺陷甚至预测欧元解体的主要逻辑就是欧元区没有统一的财政政策来应对非对称性冲击。但是在应对此次债务危机的过程中，欧元区实际上建立了一种财政转移支付的机制。纵观此次欧债危机应对政策的演变脉络：从最初的"各顾各"到向危机国家借款，从建立救助机制到签订财政契约，从欧洲央行长期再融资操作到欧央行无限购债政策的推出。这些政策的实质就是转移支付，把富裕地区的资金转移支付为缺乏资金的地区，而这恰恰是统一财政政策的核心。如果从这个视角理解的话，欧元之所以没有解体，就是因为欧洲的领导人实质上在不断地加强财政转

第六章　欧债危机——德国国际货币权力的扩张

移支付政策的力度，而作为这一财政转移支付机制的最大出资国，德国的作用是决定性的。

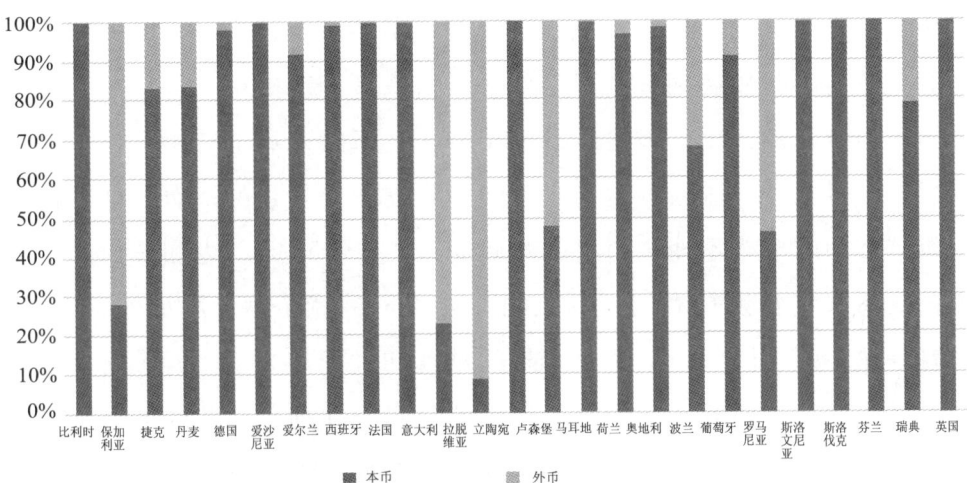

图6-3　以本币和外币计价的债务比例（2011）

数据来源：欧盟统计局

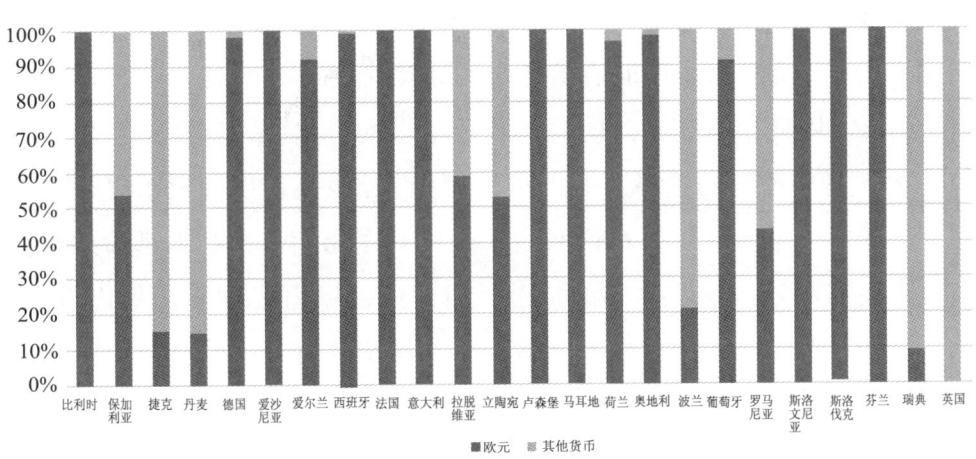

图6-4　未偿还债务的计价货币构成（2011）

数据来源：欧盟统计局

第三,以"内部贬值"代替"外部贬值"。欧债危机本质上还是传统的国际收支危机,陷入危机的国家之前因为长期处于贸易逆差国的地位,只能靠发行债务来融资,当债务累积到一定程度,市场质疑其偿还能力之时,危机就爆发了。根据主流经济学的逻辑,当一个国家面临国际收支危机的时候有两种选择:外部贬值或者内部贬值。外部贬值也是让本币对外贬值,让本国的出口产品重新在国际市场上获得价格从而刺激出口,赚取外贸盈余,达到改善国际收支失衡的目的;而内部贬值则是维持本币的汇率不变,通过削减政府开支,降低劳动力和其他生产要素的成本来重新恢复本国产品在国际市场上的竞争力,增加外贸盈余。两种办法是殊途同归,但显然实施的难度和过程却大不一样,内部贬值一种结构性改革如容易产生立竿见影的效果,并且福利的降低和工资的削减会让立刻让人感觉到"切肤之痛",因而必定会遇到强大的政治阻力。并且为了配合内部贬值取得成效,还需要有一定规模的财政转移支付作为配合,否则国家财政将会因紧缩很可能面临枯竭的困境,这会让整个国家的经济形势全面恶化甚至走向崩溃。许多经济学家认为,在西方议会民主体制下陷入危机的欧元区国家政府无法克服国内政治阻力来实施"内部贬值",并且也缺乏坚定的政治意愿,因为这会导致政府下台;另外,欧元区也缺乏共同的财政政策来配合这些国家实施"内部贬值"的方案,剩下的选择只有"外部贬值",但是在统一货币之下成员国失去了货币主权,所以对这些陷入危机的国家而言,合乎逻辑的选择应该是脱离欧元区恢复本国的货币,用"外部贬值"的方法走出危机,这一选择所造成的结果就是欧元区解体。但事实却是,欧洲人最终选择了"内部贬值"的路径来克服危机,并且实施这一选择的政治决心超出了很多经济学家的预期,而德国政府也及时地对其应对欧债危机的政策进行了调整,有意无意地在欧元区创造出了一个隐形的财政转移支付机制,为"内部贬值"的顺利实施提供了保障。

第六章 欧债危机——德国国际货币权力的扩张

欧元区之所以没有如主流经济学逻辑所推演的那样在债务危机的重压下走向解体,其中的关键就在于当初欧洲走向货币联盟的进程中,表面上看德国由于要放弃自己已是世界第二大储备货币的马克,因而在成员国中牺牲最大,但事实上德国是最大的赢家,依托欧元,德国获取了欧盟内部含金量最高的权力——国际货币权力,欧元也因此成为了德国的核心国家利益。而为了维护这一核心国家利益,德国发起了一场情理之中的"欧元保卫战",这注定了欧债危机从一开始就不会完全按照主流经济学所设定的市场逻辑来演变,而是充满了欧盟成员国之间的政治博弈。而"政治"和"权力"恰恰是许多经济学不愿或者无法放进其经济预测模型中的。正如英国《金融时报》的一篇评论中所写道的:他们(预测欧元崩溃的经济学家)抱怨政客们不懂经济学,但他们自己也未能明白政治。① 的确,在现实世界中货币总是与政治如影随形。

---

① 《默克尔决定为欧元买单》,见英国《金融时报》中文网,http://www.ftchinese.com/story/001047589(最后访问时间:2012年11月25日)。

第七章　德国马克崛起的经验启示：对外货币合作助力货币国际化

一、积极推动中欧在国际货币体系改革中的合作

德国马克之所以能够在战后从一个战败国的弱势货币"迅速"崛起成为世界第二大储备货币，并且借助欧元这一"外衣"真正让德国拥有了"国际货币权力"，其根源在于德国在20世纪60—70年代应对美元危机的过程中从一开始就没有选择"单打独斗"，而是积极主动地走了一条对外货币合作的道路。在战后欧洲一体化的背景下，美元危机和美元的流动性泛滥给欧洲国家带来的压力为德国整合和协调其他欧洲国家的利益诉求，以政治合作的方式在欧洲建立隔离美元风险的"防火墙"——1979年建立的欧洲货币体系以及之后的欧洲统一货币——提供了契机。这道"防护墙"实质上是欧洲国家政治性的货币合作制度，正是这一制度让美元在欧洲的主导货币地位不复存在，确保了德国马克的"流通域"能够在短时间内覆盖欧洲，并且逐步向全球扩展。马克的经验显示，"镶嵌"在市场自由交易之外的制度框架对于一国货币的崛起作用更为重大，对外货币合作是实现一国货币国际化的重要推动力量。货币合作伙伴的选择不仅仅只是考虑地理因素，经济规模与贸易往来的密切程度更为重要，只有经济规模足够大，彼此经贸关系密切的国家间进行货币合作，

第七章 德国马克崛起的经验启示：对外货币合作助力货币国际化

才能对货币国际化产生实质性的影响。参加1979年欧洲货币体系的国家不仅在地理上相近，他们之间更是互为重要的经贸伙伴，并且在经济规模上都是当时世界上举足轻重的发达经济体。这一点对于正在积极推动人民币国际化的中国而言具有重要的借鉴意义。目前学术界的主流意见认为人民币要实现成为国际货币的最终目标，第一步要区域化，首先要推动人民币在周边国家的使用，然后在区域化的基础上再逐步向外扩展。这一路线图背后的逻辑是有道理的，但其深层次的政策含义是目前中国的对外货币合作的重点是周边的发展中国家。这并没有错，但是中国已经是世界第二大经济体，在选择对外货币合作的伙伴时，地理因素外经济规模和经贸关系的密切程度也是需要考虑，在这一点上，作为中国第一大贸易伙伴的欧洲无疑是非常有潜力的合作对象。[①]

2007年源自美国次贷危机的全球金融风暴的一个重大后果就是让货币金融领域的合作"提前"进入双方关系发展的议程中。中国更为深刻地认识到美国不负责任的货币政策不仅是此次金融危机的根源，更使得未来中国经济的发展也面临越来越大的风险和不确定性，所以中国政府一方面加快了人民币国际化的步伐，另一方面也以更为积极的姿态参与全球金融货币事务；而欧洲人从金融危机中得出的教训是要加强全球性的金融监管，让全球金融体系的运转更符合"欧洲标准"。中欧双方的诉求实际上在"改革现行国际货币体系"这一点上实现了汇集，因为人民币国际化必然要引起现行国际货币体系的变革，而欧洲想重塑全球金融体系的运行规则的努力也已经直接地触及到了这一相同议题。正是在这种背景下，2010年中国人民银行行长周小川曾公开撰文呼吁改革国际货

---

① 早在2005年，就有中国学者已经提出了中欧货币合作的构想。参见丁一凡：《货币金融合作：中欧战略合作"新武器"》，载《金融经济》，2005年第6期。但是2005年之后中欧关系风波不断，双边关系急剧降温，这种政治氛围已不适合双边在金融货币这一敏感领域的进一步合作。而2008年的全球金融风暴以及随之而来的欧债危机又为这一领域的合作提供了契机。

币体系，同年时任法国总统萨科齐也表示将这一议题放在由法国担任主席国的 G20 峰会上进行讨论。

2010 年 12 月 21 日，在北京举行的第三次中国与欧盟经贸高层对话中，国际货币体系改革成为了双方讨论的重要议题，参加会议的欧盟经济与货币事务委员雷恩当日向媒体透露，中国和欧盟就改善国际货币体系达成了一致①，虽然会议并未公开双方达成共识的具体内容，但这至少说明中国和欧盟都认识到了目前的国际货币体系存在巨大缺陷，并且给世界经济未来的发展所埋下的不稳定因素。毫无疑问，推动国际货币体系改革的进程，需要中国和欧盟的共同努力，那么，中国和欧盟在国际货币体系改革中能够展开合作吗？双方合作的动力来自哪里？面对的挑战和问题是什么？是否存在可具操作性的合作路径？

国际货币体系就是在跨越国家疆界的交易活动中，为支付和收款所形成的一系列协定、规则、惯例和制度安排。② 现行的国际货币体系是一种美元本位制，在这一体系下，各国自主决定各自的汇率制度③，美元摆脱了布雷顿森林体系下的"黄金枷锁"，美联储不再担负将各储备国中央银行持有的美元纸币兑换成黄金的义务，美元也不再和任何贵金属、实体商品或者价值单位挂钩，而是成为了一种纯粹的信用货币，并且承担着全球储备货币的职能，这与"二战"前金本位和"二战"后布雷顿森林体系下由黄金或者可兑换黄金的纸币充当国际储备货币的安排有着本质的区别。

美元作为国际储备货币在全球经济交往中广泛地承担着交易媒介、

---

① 新华网，http://news.xinhuanet.com/fortune/2010 - 12/22/c_12906683_2.htm（访问时间：2010 年 12 月 25 日）。

② Rober Solomon, *The International Monetary System, 1945–1976: An Insider's View*, New York, Harper & Row Publishers, 1977, pp. 5–6.

③ 总体而言，发达国家之间采用浮动汇率制度，新兴市场国家和发展中国家采用盯住某一主要贸易伙伴国货币或者货币篮子的汇率制度。

第七章 德国马克崛起的经验启示：对外货币合作助力货币国际化

计价单位和价值贮藏等功能，保持币值稳定应当是其第一要义，但在事实上，由于没有外部的"硬约束"，国际储备货币发行方美国是一个主权国家，在制定货币政策时往往优先考虑本国的就业和增长，将国内利益置于国际义务之上，这是现今国际货币体系的一个根本性内在矛盾。无论是之前直接导致此次全球金融危机的格林斯潘时代扩张性的货币政策，还是现今伯南克为下一轮全球通胀埋下种子的所谓"量化宽松"货币政策，国际储备货币"币值稳定"的原则都被远远地抛在脑后，美国以本国利益为取向的货币政策根本不考虑美元作为国际货币所要承担的责任，当美元价值改变时，其他贸易伙伴国之间的贸易条件就会改变，这也常常成为其他国家间贸易冲突的重要诱因。[①] 布雷顿森林体系下的"特里芬困境"和"n-1问题"在美元本位下仍不能得到解决。[②] 所以，国际货币体系改革的根本问题是要"超越美元"[③]，重新思考国际储备货币的

[①] 比如 2005 年底至 2007 年 11 月，人民币兑美元升值幅度达 10.89%，但由于美元的大幅贬值，不仅导致了以国际大宗商品价格大幅上扬为特征的全球通货膨胀，同时因为人民币事实上盯住美元，而美元兑欧元贬值幅度更大，这使人民币兑欧元却贬值了 9.59%。由于在此期间欧盟对中国的贸易逆差迭创新高，以此为借口，欧洲国家将全球通胀带来的种种国内经济社会问题的矛头指向中国，中欧关系也因此在这一时期面临了严峻挑战。

[②] "特里芬困境"是由美国耶鲁大学教授罗伯特·特里芬在 1960 年出版的《美元与黄金危机》一书中提出的观点，他认为任何一个国家的货币如果充当国际货币，那么一方面，随着国际贸易与国际投资规模的增加，对该国货币的需要也随之增加，这就要求该国通过国际收支逆差来实现，但这就必然会带来该货币的贬值，从而打击其作为国际货币的信心；另一方面，作为国际货币又必须要求货币币制比较稳定，维持信心，而不能持续逆差。这就使充当国际货币的国家处于左右为难的困境，这被称为"特里芬困境"。约翰·威廉森在 1983 年出版的《开放经济与世界经济》一书中提到，在由 n 个国家组成的国际货币体系中，任何 n-1 个国家都可以自由改变汇率，但只有一个国家，即充当国际货币角色的 n 国不可以改变其汇率，因为其货币币值是其他国家货币价值的基准。如果所有国家，包括发行国际货币的 n 国都因为自身利益而改变汇率时，将会引起相互之间的冲突。

[③] Paola Subacchi, "No New Bretton Woods, But a System in Flux", in *Beyond the Dollar: Rethinking the International Monetary System*, Edited by Paola Subacchi and John Driffill, Chatham House, March 2010, p. 4.

德国马克的崛起——货币国际化的政治经济学分析
The Rise of Deutsche Mark—The Political Economy Analysis on Currency Internationalization

安排。

一个稳定、健康的国际货币体系，符合中国与欧盟的共同利益，这是双方在国际货币体系改革中合作的动力源泉，这种共同利益主要包含三个层面：

首先，约束美国不负责的货币政策是中欧的共同诉求。欧盟是世界上最大的国际贸易集团，而中国已经成为了世界上最大的出口国，对外贸易依存度高达60%，双方在国际贸易中的地位决定了中欧都希望世界主要贸易国的货币价值保持稳定，而在事实上扮演着"锚货币"角色的美元的持续贬值会给国际贸易造成了巨大的汇率风险，欧洲空中客车公司公开表示，2007年至2010年期间，美元的贬值给其造成了30亿欧元的损失，因为空客的大部分成本是以欧元计价，但收入全部以美元计价。[①] 对中国而言，美元贬值不仅给对外贸易带来风险，中国持有的巨额美国国债也将不断缩水，造成国家财富的流失。另一方面美元贬值也推高了以美元计价的石油、粮食等大宗商品的价格，为全球通胀埋下了伏笔，这也就是为什么当美联储公布第二轮量化宽松货币政策（简称QE2），提出2011年6月底前购买6000亿美元美国长期国债，试图借助开印钞票刺激经济复苏的做法，遭到了欧盟国家的强烈批评和不满。

其次，中国和欧盟都希望避免出现美元突然崩溃的危机。美元本位下，美国可以用两种方式创造清偿能力：通过购买他国的商品和服务输出美元；或者通过对外投资来输出美元。由于美国消费驱动型的经济模式，实际上主要通过前一种方式来输出美元，也就是美国巨额的经常账户赤字。同时美国又拥有世界上最发达、最具深度和广度的高度流动性金融市场，这吸引了世界其他国家用自己商品和服务换回的大部分美元储备，又以购买美元资产的方式回流到美国，为美国的生产消费提供融

[①] 《华尔街日报》中文网：http://www.cn.wsj.com/gb/20110118/BEU006023.asp（访问时间：2011年1月19日）。

第七章 德国马克崛起的经验启示：对外货币合作助力货币国际化

资，这一循环造就了美国持续的大量贸易逆差和巨额外债。根据美国国会预算办公室的数据，2008 财政年度结束时，美国公共债务为 5.8 万亿美元，占 GDP 的 40%；到了 2010 年公共债务已经超过 9 万亿美元，占 GDP 的 62%。如果美国未来继续实施减税措施并且政府开支的份额保持在 2010 年的水平，那么到 2020 年公共债务将可能占到 GDP 的 100%，债务规模的不断扩大将使美国背上沉重的利息负担，美国要支付的利息将从 2010 年的 1970 亿美元上升到 2020 年的 7780 亿美元。[①] 一个国家的债务不能无限制扩张，主权信用破产并非遥不可及。为了避免美国出现主权债务违约的情形，美国政府与国会就政府债务上限问题上演了多次"边缘对决"，美国数次都徘徊在财政危机的悬崖边。但这种借新债还旧债的方式不可能永久持续，一旦美国债务规模的积累超过了债权国能够容忍的程度，美元信用突然出现危机，美元资产被大量抛售，包括中国和欧盟在内的世界经济体将遭受重大的打击。全球经济不平衡以这种极端的方式得到纠正的情形，是中国和欧盟都竭力避免的，都希望能够以相对公平、平稳的方式实现全球经济再平衡。为此，双方在全球财经金融政策层面进行协调合作是必需的。

最后，中国和欧盟各自的金融战略需要对方的支持。欧盟在目前的国际货币体系改革中主张加强对全球金融业的监管，包括经营机构、资本流动、杠杆率等要素，开征"系统性风险"税，主张以国际货币基金组织（IMF）和全球金融稳定委员会（FSB）等国际机构作为全球金融货币体系治理的主体。[②] 欧盟目的在于借此发挥自己在软实力方面的"比较优势"，成为国际货币体系中的"规则制定者"，同时将以中国为代表的新兴市场国家"体制化"在以 IMF 和 FSB 等国际机构为主导的全球金融

[①] Congressional Budget Office, "Federal Debt and Interest Cost", December 2010, p. 26.
[②] Garry J. Schinasi and Edwin Truman, "Reform of the Global Financial Architecture", Brugel Working Paper, 2010/05, pp. 6 – 16, 31 – 35.

货币多边治理结构之中，避免这些国家凭借自己日渐强大的经济实力"另起炉灶"，建立地区性或者双边性的金融机构或机制与之竞争，进而导致欧盟自己在国际金融货币事务中的边缘化。[①] 另一方面，欧盟也希望人民币汇率变得更有弹性，从而能够扩大对华出口。而中国在经历此次全球金融危机的洗礼后更为坚定地迈出了人民币国际化的步伐，希望人民币逐渐地成为国际储备货币，这需要将人民币尽快地纳入到 SDR 的篮子货币中，同时稳步扩大人民币的跨国使用范围，中国也要更为积极地参与国际金融货币体系的治理，增加自己在 IMF、FSB 等国际机构中的发言权，逐步掌握规则的制定权。虽然中欧双方的金融战略目标有很大不同，但是作为世界政治经济格局中举足轻重的战略力量，双方目标的实现都有赖于对方的合作。

二、中欧货币合作：问题与挑战

金融被称为现代经济运行中的"血液"，如果中欧在货币金融领域的合作能够让"梦想照进现实"，双方关系的发展必将上升到一个新的高度。但要实现这"惊人一跃"，中欧双方还要面对诸多挑战。

第一，中国和欧盟对现行国际货币体系进行改革的意愿不同。这主要是由于双方在目前国际货币体系下承受压力的差异，对于美元霸权欧洲人有着更早也更为深刻的切肤之痛，戴高乐就曾抱怨美元所享有的"过分特权"（Exorbitant Privilege）和美国政府"不流眼泪的"赤字[②]，美元币值的动荡不仅让当时欧洲国家的货币饱受投机之苦，而且美国可以轻易通过借债和开动印钞机弥补欧美间以美元计价的贸易赤字。尼克

[①] Alan Ahearne and Barry Eichengreen, "External Monetary and Financial Policy: A Review and a Proposal", in *Fragmented Power: Europe and Global Economy*, eds. by Andre Spir, Bruegel, July 2007, pp. 129–130.

[②] 这是戴高乐的经济顾问雅克·鲁夫批评美元时所用的词汇，经戴高乐引用后广为人知。

第七章 德国马克崛起的经验启示：对外货币合作助力货币国际化

松时期的财政部长康纳利面对欧洲人对美国货币政策的诘难，一句"美元是我们的货币，却是你们的问题"在让欧洲人心痛的同时，也坚定了欧洲走货币联合之路的决心，欧元的前身——欧洲货币体系——也就是在这种背景下诞生的，当时欧共体国家的货币间固定汇率，联合起来统一对美元浮动。欧元的问世一劳永逸地消灭了欧盟国家间的汇率风险，在很大程度上摆脱了美元霸权的阴影。欧元从诞生之日起就是一种国际储备货币，欧盟国家可以不必积累大量美元外汇来应付国际收支，更为重要的是，各国的私人机构和中央银行越来越多地把欧元作为储备资产，也就是欧元不断"国际化"的进程，让欧盟国家的融资能力大为增强，他们可以通过低成本发行债券和征收国际铸币税的方式获得充足的资金，这让欧盟国家可以有相当大的空间来推迟或者转移调整国际收支不平衡的负担。

科恩（Benjamin J. Cohen）将国际货币的权力区分为"自主力"（Autonomy）和"影响力"（Influence）两个维度，前者指在货币事务上能够隔离外部压力，独立进行决策；后者指让别人按自己的意愿行事的能力。在这两个维度中，前者是根本和基础，后者也是从前者中发展出来的。正所谓一种货币可以有自主力而没有影响力，但不可能有影响力而没有自主力。[1] 用这个标准去衡量，欧元基本上具备了自主力但是影响力欠缺，相比之下人民币在这两方面则都欠缺。所以，中国在国际上一方面面临强大的人民币升值压力（也就是让中国承担调节国际收支失衡的负担），但却无法有效地转移或分散这种压力，同时中国的巨额外汇储备又面临不断贬值的风险，正如克鲁格曼所形容的，中国掉进了"美元陷阱"[2]，也就是说在现行国际货币体系下欧盟承受的压力要小于中国，双

---

[1] Benjamin J. Cohen, "Currency and Sate Power", Prepared for a conference to honor Stephen D. Krasner, Stanford University, December 4 - 5, 2009, p. 4.
[2] Paul Krugman, "China's Dollar Trap", in *The New York Time*, 2 April, 2009.

德国马克的崛起——货币国际化的政治经济学分析
The Rise of Deutsche Mark—The Political Economy Analysis on Currency Internationalization

方的合作由于彼此"疼痛点"和"疼痛程度"的差别增加了达成一致的难度。

第二，欧元在信用支持和治理结构方面的特殊性让中欧货币合作变得复杂。现代货币都是信用货币或者"法币"，其本身没有任何价值，仅是一些花花绿绿的纸片，之所以它能够在日常经济活动中作为清偿手段被普遍接受，在于其背后国家主权的强制力和信用程度。国家在通过发行货币获取收益的同时，货币使用者也就默认了国家负有在危机时刻维持货币价值和提供及时有效的债务清偿手段的义务，一个国家如果没有足够的政治、军事和经济实力来保持国内稳定和抵御外部入侵，其发行货币的价值和被接受程度就会大打折扣。在这方面，人民币和其他主权国家货币一样，其背后有一个单一的中央政府为其提供信用支持，而欧元则是一个没有主权国家的货币①，欧元诞生于欧盟成员国政府之间一系列政治谈判后所达成的协定，这些纸面上的文字如何维持人们使用欧元的信心？假如欧盟面临外部威胁，谁来出面"摆平"？在欧元解决中央政府缺位的问题上，蒙代尔给出了答案：北大西洋公约组织（NATO），它是历史上最成功的联盟。只要欧盟依靠北大西洋公约组织，依靠与美国的军事联盟，即使没有强大的中央政府，欧盟也足以对抗任何外来敌人。②北约在相当大程度上成为了欧元信用的一个重要来源，用欧洲人自己的话来说，为美元霸权所付出的代价，实际上是欧洲人为美国人提供的军事保护所付出的必要军费。③在中欧货币合作问题上，美国自然将成为一个绕不开的外部因素，这就增加了双方合作的不确定性和复杂性。

另一方面，欧元的对外代表权问题还没有解决。实行单一货币后，

---

① Otmar Issing, *The Birth of the Euro*, Cambridge University Press, 2008, pp. 228 – 234.
② 〔加〕蒙代尔：《蒙代尔经济学文集》第五卷，向松祚译，中国金融出版社2003年版，第166页。
③ Pierre Defraigne, 在"作为全球合作伙伴的中国与欧盟研讨会"上的发言，中国社会科学院，北京，2010年11月22日。

第七章 德国马克崛起的经验启示：对外货币合作助力货币国际化

一系列的机构和制度被设计和建立来确保欧元的顺利运行，但关于欧元事务的最终决定权却相当分散，欧盟实际上并不能有效地对外代表欧元。与欧盟在货币事务方面的合作，中国要面对的不是一个单一的欧元代表机构，而是一个复杂的、网络状的和多层次的治理体系，IMF（国际货币基金组织）是世界上最重要的全球货币与金融事务的国际机构，也是中欧双方在国际金融货币事务进行对话合作的重要平台。我们以欧盟在 IMF（国际货币基金组织）中的协调为例来考察欧元的代表权问题，正式负责欧盟 IMF 事务的有两个机构，一个在布鲁塞尔，是部长理事会所属经济与货币委员会内的一个部门，被称为 SCIMF（the Sub-Committee on IMF），由欧盟成员国的央行和财政部的代表、两名来自欧盟委员会经济和货币事务总司代表和两名来自欧洲中央银行的代表组成，主要为经货委员会准备关于 IMF 或与之相关的工作，SCIMF 每年开大概八次会议，欧盟委员会在这里实际承担了秘书处的职责，它为会议设定议程，但本身不能参加会议讨论，也没有投票权。SCIMF 通过的文件在得到经货委员会的批准后转交给欧盟成员国在 IMF 执行董事会的代表，但文件并没有约束力，成员国在 IMF 执行董事可以不必按 SCIMF 的意见行事；另一个机构在华盛顿，被称为 EURIMF，这是一个非正式组织，由欧盟成员国在 IMF 的代表组成，一般每星期开一到三次碰头会，驻华盛顿的欧盟代表团和欧洲央行也各派一名代表参会，这个机构的主要功能是成员国之间交换信息和协调立场。[①] 欧洲中央银行在 IMF 也只有一个观察员的席位，而欧元集团则仅仅是欧盟的一个非正式组织，这两个在欧元的治理结构中发挥着重要作用的机构在 IMF 的话语权非常有限，无法作为谈判

[①] Eurodad, "European Coordination at the World Bank and International Monetary Fund: A Question of Harmony?", January 2006, pp. 8 – 10; Alan Ahearne and Barry Eichengreen, "External Monetary and Financial Policy: A Review and a Proposal", in Andre Sapir (eds.), *Fragmented Power: Europe and Global Economy*, Bruegel, Brussels, July 2007, pp. 135 – 136.

对手。实际上欧元在 IMF 的代表权非常复杂地分散在隶属不同选区的成员国和欧盟机构手中。理想的方案是将欧盟成员国在 IMF 的席位合并为一或者分为欧元区和非欧元区两个席位,这将大大增强欧盟在货币事务上谈判能力和便利处理与他国的金融货币合作问题①,但目前来看,这两种方案在欧盟内部都遇到了阻力,小国担心席位合并后自己失去在 IMF 的话语权,而大国则害怕自己的影响力在合并后的单一席位中被稀释,欧盟委员会则支持席位合并方案,因为假如这一方案通过,欧盟委员会无疑是最适合行使统一代表权的机构。面对欧元复杂的治理结构,中欧货币合作仅仅在技术和程序层面就面临严峻的挑战。

第三,欧盟对于中欧货币合作抱有较强的戒备心理。中国对于同欧盟在各个层面的合作一直抱着积极和开放的态度,但欧盟近年来对中国的看法有了明显的改变②,对中国的防范意识和怀疑情绪不断增强。对欧洲人而言,这个拥有将近 14 亿人口的世界上最能吃苦耐劳、工作勤奋的民族在中国共产党领导下进行经济结构转型,努力从全球产业链的低端走向高端,并且经历着人类历史上最大规模的工业化和城市化进程,这其中所蕴含的能量巨大,发展过程充满着不为欧洲人所掌控和理解的不确定性,他们目前所享有的社会福利和工作岗位正因这一进程的庞大规模和不断加快的速度而减少。这种消极的"中国观"使得欧洲的领导人经常对于来自中国哪怕是善意的举措也都以恶意去揣测,致使许多有益于双方的合作都因缺乏政治意愿而无法实现,货币金融合作虽然潜力巨大符合双方的共同利益,由于其在政治经济运行中牵一发而动全局的地

---

① Lorenzo Bini Smaghi, "A Single EU Seat in IMF?", in *JCMS Journal of Common Market Studies*, Volume 42, Number 2, 2004, pp. 244 – 246; Peter Brandner, Harald Grech, "Unifying the EU Representation at IMF—A Voting Power Analysis", Federal Ministry of Finance, Working Paper, 2/2009, pp. 16 – 24.

② 周弘主编:《欧洲发展报告(2008—2009):欧盟"中国观"的变化》,社会科学文献出版社 2009 年版,第 1—10 页。

位，也就更容易触动欧洲人敏感的神经。

希腊在爆发主权债务初期曾主动和中国接触，希望中国为其国债融资提供帮助。此事经媒体报道后立刻在欧盟引起了非理性的不安情绪和强烈质疑，一些欧盟政要和媒体指责中国要将希腊变成自己在欧盟内的"特洛伊木马"，向中国请求融资帮助在欧洲好像成为了一种"政治不正确"的选择，为了平息这种不安情绪，希腊被迫只能公开否认曾向中国寻求合作的行动，在相当长一段时间内不能再公开与中国就融资问题进行的协商活动。直到希腊危机愈演愈烈，最终引发了国际社会对欧元的信任危机，欧盟的态度才逐渐变得务实起来，不再把国债问题上纲上线地泛政治化，比如 2011 年 7 月欧盟委员会贸易委员古赫特（Karel de Gucht）公开表示，中国购买了约 4.2 亿欧元希腊和西班牙发行的债券，并认为这是一个明智的投资选择。但在欧盟内部，担心中国通过大规模持有其成员国债券而增强对欧盟影响力的忧虑仍然普遍存在。

三、中欧货币合作的路径选择

由于货币所具有的天然权力属性，国际货币合作注定将是一个敏感的国际政治问题，它既能够为合作双方带来巨大的政治经济利益，也最容易引起国家间的冲突和猜忌。所以，合作路径的选择尤为重要，就中欧双方而言有着两种可供选择的路径。第一种可称为战略导向型，这意味着双方的合作将直接导向国际货币体系改革的核心——替代美元的储备货币地位。如此，双方将更多地采取政治合作的方式，比如在改革 IMF 治理结构的前提下，协调双方在 IMF 中的立场，共同推动 SDR（特别提款权）使用范围的扩大和发行量的增加，特别是通过用 SDR 作为部分大宗商品的计价单位，来稳定全球大宗商品的价格，积极实现 SDR 在私人部门的使用；也可以通过政府间协议的形式转换双方的外汇储备和贸易往来所使用的币种，改变目前美元"一币独大"的局面。第二种为需求导向型，这是指在互利的原则下通过解决彼此在金融货币领域亟待解决的现实问题，逐步扩大人民币的使用范围，主要采用经济合作的方式，政府可以通过政策加以引导，但主要以市场的力量推动。

很显然，第二种路径在国内和国际两个层面都不太容易遭遇政治阻力，并且合作的主体是中欧双方的企业，中欧之间庞大的贸易量和不断增长的相互投资为货币金融领域的合作提供了强大的动力和需求空间，如果双方领导人能够达成共识，在政策和制度方面进行引导和支持，从可操作性来考虑，中欧货币合作应以第二种路径为主，同时辅之以第一种路径是更为稳妥的做法，对于中国而言可从下面三个方面着手。

第一，积极主动地把握和利用欧洲主权债务危机所带来的机会。套用美国人的话说，就是"不要浪费了这次危机"。虽然此次危机整体上对中国并未造成伤害，但我们不能因此抱着一种看客的心态。欧元的稳定符合中国的利益，这不仅是因为中国输欧产品中有相当大一部分是用欧元计价，欧元暴跌将给中国出口商造成损失，更为重要的是欧元的存在使中国巨额外汇储备在分散化投资中多了一个选择，万一欧元崩溃中国将在现行国际货币体系下承受更多的压力，所以中国要支持欧洲应对危机的各种努力。同时欧债危机为开启中欧货币合作打开了一个机会窗口（Window of Opportunity），目前金融层面的危机虽然已基本平息，但是欧洲国家普遍面临经济增长乏力的问题，而德国为应对危机开出的紧缩"药方"让陷入危机无法自己通过财政、货币政策来刺激经济增长。由此，扩大出口和吸引外资成为这些欧洲国家恢复增长的唯一途径。而中国在这方面则大有可为，一方面可以适当扩大从欧洲的进口，购买国内经济建设所需要的高端产品；更为重要的是中国企业可以加大对欧洲的直接投资，利用欧洲因债务危机而"闲置"的优质科技、人力以及市场资源促进"中国制造"的产业升级。在欧债危机的背景下欧洲对中国庞

第七章　德国马克崛起的经验启示：对外货币合作助力货币国际化

大国内市场和中国蓬勃发展的海外投资的需求为重塑中欧之间的货币金融系统创造了契机，中欧可以本着双方贸易、投资便利化的原则积极推动双方企业在交易中直接使用人民币和欧元作为计价和结算货币，为此可以积极推动中国人民银行与欧洲央行之间达成货币互换协议。因为中欧互为重要的贸易伙伴，2012年，欧盟继续保持我国第一大贸易伙伴和第一大进口来源地的地位，中欧双边贸易总值5460.4亿美元，占我国外贸总值的14.1%。其中，我国对欧盟出口3339.9亿美元，自欧盟进口2120.5亿美元。中国则是欧盟的第二大贸易伙伴。双方大企业如果能够直接使用本币交易，那么因规避汇率风险所带来的潜在收益是巨大的，对扩大人民币的国际使用也是一个强有力的推动。

从国际政治的角度考虑，中欧的央行开展货币互换也是双方利益的一个潜在汇合点。中国实际上拥有影响美国货币政策的工具，比如动用巨额的外汇储备在国际货币和资本市场上进行操作，主动影响美国财政部债券的供求关系和价格，进而限制美国公共和私人机构的融资能力，提高他们的融资成本，以此逼迫美国进行让步和妥协，这一招等于直接刺向了美国霸权的核心——在国际市场上近乎于无限的筹资能力。但正如萨默斯所言，中美之间已经形成了一种"金融恐怖平衡"以确保能够彼此相互摧毁：美国依赖于来自中国的资金，而中国依赖于美国的巨大消费市场。如果中国启动这一"核按钮"，即使成功迫使美国让步，其后果很可能是"杀敌一万自损三千"；另外，中美关系太过重要和复杂，以中国目前的国际地位和所面临的国内国际环境，这种"得罪"美国的行为很可能会招致美国对中国的全面"封杀"，恶化中国和平发展的国际环境，对于中国领导人而言，这一选择所要承担的政治风险和责任太过巨大并且后果充满不确定性，简单说就是投鼠忌器。如前文所述，欧洲人饱受美国不负责任货币政策的历史可以说更加"悠久"，戴高乐就曾抱怨美元所享有的"过分特权"（Exorbitant Privilege）和美国政府"不流眼泪

德国马克的崛起——货币国际化的政治经济学分析
The Rise of Deutsche Mark—The Political Economy Analysis on Currency Internationalization

的"赤字,美元币值的动荡不仅让当时欧洲国家的货币饱受投机之苦,而且美国可以轻易通过借债和开动印钞机弥补欧美间以美元计价的贸易赤字。尼克松时期的财政部长康纳利面对欧洲人对美国货币政策的诘难,一句"美元是我们的货币,却是你们的问题"在让欧洲人心痛的同时,也坚定了欧洲走货币联合之路的决心,欧元的前身——欧洲货币体系——也就是在这种背景下诞生的。为了走出金融危机所造成的衰退,美国并不是首先考虑整顿财政,削减开支,而是通过开动印钞机来刺激经济,这种滥用美元国际储备货币地位的行为一方面引发了全球性的通货膨胀,同时也给欧元带来升值压力,影响了欧元区国家的对外贸易。这也就是为什么当美联储公布第二轮量化宽松货币政策(简称QE2),提出2011年6月底前购买6000亿美元美国长期国债,试图借助滥发货币刺激经济复苏的做法,遭到了欧盟国家的强烈批评和不满。欧洲人同样想约束美国不负责任的货币政策,但欧洲人的问题是手里缺乏有效的"武器"。欧洲国家的外汇储备很少,并且由于欧元的引入这些储备中美元资产的份额并不大,再加上欧元仅仅属于"半个国际储备货币"(按照科恩的说法),所以很难在国际货币资本市场上对美元资产施加决定性影响,所以在制衡美元的问题上欧洲人是有心无力。

但是如果中欧能够进行货币合作,情况将大为不同。双方可以通过谈判和协商制定一个彼此都能接受的价格,进行外汇互换。比如中国央行从3万多亿美元外汇储备中拿出1万亿美元与欧洲国家央行进行交换,这样中国从欧洲得到价值1万亿美元的欧元资产,而欧洲从中国得到价值1万亿美元的美元资产。欧洲人借此可以得到影响美元走势的有效清偿手段,大大增强了其与美国人在货币问题上的谈判地位;而中国由此也等于说进行了一项分散投资,改变了外汇储备主要由美元资产构成的不合理状况。欧洲不仅有足够的分量和经验与美国就货币问题进行谈判,更重要的是欧洲和美国是政治同盟,欧洲因为经济利益与美国进行谈判

第七章 德国马克崛起的经验启示:对外货币合作助力货币国际化

甚至激烈交锋并不会被美国视为敌意和挑衅,这种谈判更多会被认为是技术层面的分歧,欧美在历史上进行的"香蕉战"、"牛肉战"甚至20世纪60、70年代围绕美元汇率进行的谈判莫不是如此。但同样的事情由中国来做,却往往被视为恶意和威胁。让人民币成为国际货币,促进和推动国际货币体系朝多元化、合理化的方向发展符合中国的战略利益,欧洲在这方面是不可或缺的战略伙伴。

第二,鼓励欧洲的企业和个人持有人民币资产。人民币成为国际货币是中国摆脱美元霸权的根本出路,但人民币国际化进程不会一蹴而就,需要从基础部分一步步做起。其他国家央行是否具有储备人民币资产的意愿并不受我们控制,但却同这个国家的企业和私人的投资偏好具有密切关系。如果企业和个人的经济活动需要大量的某种货币或者以这种货币计价的流动性资产,那么央行自然需要进行储备以保证国际收支的正常。因此,通过市场的力量鼓励和引导国外的企业和个人储备、使用人民币是人民币国际化的第一步。欧盟是中国的第一大贸易伙伴,双方经贸关系发展的深度和广度达到了一个相当高的水平,这为在金融货币领域的合作提供了巨大的潜力。

实际上中国政府已经逐步开始了这方面的工作,为了促进中国债券市场的发展,2010年9月对2005年制定的《国际开发机构人民币债券发行管理暂行办法》进行了修订。按照之前的规定,发行人在中国发行人民币债券所筹集的资金,只能用于中国境内项目,不得换成外汇转移至境外;而按照修改后的《办法》,发行人可以将发债所筹集的人民币资金直接汇出境外使用的,或者发行人也可以将债券所筹集的人民币在中国兑换成其他国家货币后汇出境外使用。欧盟内部也存在着地区发展不平衡问题,也需要大笔资金用于落后发展项目,《办法》的修订意味着以后欧盟的开发机构也可以在中国募集发展项目所用资金,中国也可以借此改善国际收支状况,减少外汇储备。今年以来,外国企业获准在香港发行人民币债券,而之前只有中国的金融机构才有此资格。2011年8月,麦当劳(McDonald)第一个在香港成功地发行2亿元人民币债券,紧接着美国推土机制造商卡特彼勒(Caterpillar)也在香港发行两年期总计10亿人民币的债券。这两家都是在华经营多年的美国跨国公司,欧洲在华企业也有很多,如果他们直接在香港发行企业债不仅融资成本低,还能有效地避开了汇率风险。另外,人民币的跨国结算业务也在不断扩展,更多外资银行获得了经营资格,汇丰、渣打、西班牙对外银行等欧洲银行都在其中,这为中欧之间的贸易往来选择用人民币来进行结算提供了便利和条件。① 此外,外国企业在中国上市的具体政策措施也正在加紧研究和筹备中,一旦外国企业在中国上市发行股票,更大规模的人民币资产将被国外企业持有和使用,其对人民币国际化进程会具有非常积极的促进作用。中欧之间的金融货币合作在现实中已经有了巨大的潜在空间,一旦转化为切实的行动,对于欧洲而言,可以从中分享中国经济发展的成果,对于中国而言,这将为人民币走出国门打下坚实的基础。

第三,积极参与IMF治理结构和职能转变的改革。此次金融危机前,IMF的处境可以说是每况愈下,一则由于许多借款国提前还清了贷款,而新兴国家因为普遍积累了充分的外汇储备,没有贷款需求,致使IMF所依赖的利息收入下降迅速,为解决国际收支问题所能动用的资源严重不足;二则IMF在1997年亚洲金融危机时为亚洲国家开出的经济紧缩药方和苛刻的贷款条件导致危机更为恶化,其自身名誉和公信力遭到严重损害。但这次危机使IMF的作用被重新发现,IMF再一次回到了国际金融舞台的中心位置,加强IMF的监管监测职能和提高对IMF的注资额度成为了国际社会的共识,可以预见IMF在国际货币体系中的地位将越来

---

① 汇丰银行在2010年8月完成了第一笔人民币跨境支付业务,为毛里求斯的一个建筑公司向其在香港的供货商以人民币支付货款,汇丰银行表示愿意更多地开展人民币跨境支付业务。HSBC news release, 30 September, 2010.

第七章 德国马克崛起的经验启示：对外货币合作助力货币国际化

越重要，因为很多规范未来国际金融和货币体系的规则和制度将在IMF的框架下制定执行，它将必定成为大国间利益博弈的重要战场。同样，IMF也是中欧货币合作一个并不轻松的话题。这里的主要问题就是IMF的治理结构已经不能反映目前的世界经济格局，改革势在必行。一个基本的改革共识是欧盟国家目前拥有的投票权大大超出了其在世界经济中的实际份额，需要让渡一部分给以中国为代表的新兴市场国家，在韩国举行的G20峰会中欧盟也确认要让出在IMF执行董事会中的两个席位，中国的投票权将提高，但欧盟国家肯定不会心甘情愿地主动让出投票权，相关决议的最终落实将是一个艰难的讨价还价的过程。对于未来IMF的职能转变问题，欧盟显然希望加强它的多边和双边的宏观经济监测职能，这也是中国所赞成的，但除此之外，在增加IMF自身财政资源方面，中国鼓励IMF发行以SDR计价的债券为自己融资，同时扩大SDR的使用范围，而欧盟对此的态度并不太积极，双方需要凝聚更多的共识。

中国和欧盟在国际货币体系改革中进行合作，对双方而言都是一个新课题，但却是一个拥有巨大合作空间和潜力的领域。对于今天的中国而言，改革国际货币体系的另一种含义就是让本国的货币制度更具效率和竞争力，在风险可控的前提下，积极稳妥推进人民币资本项目可兑换进程，逐步实现人民币的国际化，这其中的核心仍然是提高中国在国际竞争中"巨额融资"的能力（capability of high finance）。[①] 要做到这一点，中国需要更为积极主动地参与到全球金融货币体系的改革和建设进程中，需要以开放的姿态开展对外金融货币合作。作为世界政治经济舞台上一支重要的战略力量，中国需要来自欧盟的先进经验和战略合作。对于欧盟而言，积极推进中欧货币合作不仅能够巩固欧盟在世界格局中

---

① 阿瑞吉等人在解释18世纪到20世纪世界霸权兴衰中运用了"巨额融资能力"这一概念，参见〔美〕乔万尼·阿瑞吉、贝弗里·J.西尔弗等：《现代世界体系的混沌与治理》，王宇洁译，生活·读书·新知三联书店2003年版，第43页。

的战略地位,更可以分享这种合作所释放出来的巨大经济利益。中欧货币合作有利于充实中国与欧盟全面战略合作伙伴关系的内涵,并为建立一个公平、有效、多元的国际货币体系作出贡献,目前所需要的是双方领导人的政治智慧和政治勇气。

结　语

2012年3月，时任国务院总理温家宝在中国发展高层论坛中表示，人民币必将成为国际货币之一。这是近年来中央政府首次就人民币国际化问题进行明确地表态，之前官方从未明确地提出过要实现"人民币国际化"的意愿，而是使用"推进跨境贸易人民币结算"这一更为技术性的表达方式，这一变化说明人民币国际化已经逐渐成为了决策层的共识。相对于政府的低调和谨慎，学术界近年来对人民币国际化的研究和讨论一直保持着高昂的热情，特别是此次全球性的金融危机爆发之后，关于人民币国际化的议题更是长期地占据着许多专业学术期刊显著的版面和各类社会媒体的头条位置，但是"热闹"的学术讨论中却凸显出两个不可忽视的误区。

误区一是把人民币国际化单纯地看作是一个金融问题，主要从狭义的金融技术角度来分析和设计人民币国际化的路线图，在这种理论视角下放开资本管制、资本账户自由化被认为是人民币国际化的前提条件甚至是同义语，结果，对现实人民币国际化具体路径的讨论被有意无意地"置换"为如何实现资本账户自由化的讨论。这样一来反倒是把人民币国际化的初衷——规避世界经济风险，提高国民经济竞争力——给忘掉了，这无疑是本末倒置。

误区二是在货币国际化的经验借鉴上"言必称英美"，把英美两国

德国马克的崛起——货币国际化的政治经济学分析
The Rise of Deutsche Mark—The Political Economy Analysis on Currency Internationalization

"强大的资本市场——本币国际化"这一路径奉为圭臬,这又让金融业国际化和对外开放几乎成为了人民币国际化的代名词,认为可以通过金融业的对外开放来"倒逼"人民币国际化,这在无形中等于是把金融业放在了人民币国际化战略的中心位置。但是与那些早已经实现了工业化的发达国家所不同的是,中国的工业化尚未完成,并且正在经历着人类历史上最大规模的城市化进程,需要解决大批劳动力的转移和就业问题;而面对日益激烈的国际竞争和严峻的环境资源约束,转变经济发展方式,实现产业的合理转移和升级是必须完成的任务。这个基本国情决定了人民币国际化应该以工业和制造业为中心,通过提升工业竞争力来支撑人民币的国际化。即使从历史的经验来看,从来都是处于产业链高端,成为"世界工厂"的国家发行国际货币,而不是位于产业链低端,仅仅是"世界加工厂"的国家来发行国际货币。

作为后进国家,中国很难复制"一战"前的大英帝国和"二战"后的美国凭借"超级大国"的绝对地位和先入为主的优势来垄断国际货币发行权的历史路径,而战后联邦德国"工业竞争力 + 政治性货币合作制度安排"这一本币国际化路径更值得注意。

德国马克之所以能够崛起,直接原因就在于 20 世纪 60、70 年代持续的美元危机给其打开了一个难得的"机会窗口",而欧洲和美国之间在货币理念和国家利益上的根本冲突让德国马克有机会能够在欧洲货币联合的旗帜下获得了制度性的国际化动力和保障。马克国际化与美元流通域在欧洲的萎缩是一枚硬币的两面,马克崛起的背后是欧美围绕"国际货币权力"所进行的激烈角逐,是一场"没有硝烟的战争"。所以,马克国际化的成功并非一个单纯的经济或者金融现象,更是一个典型的"国家间政治"的结果。

由此所自然引起的一个问题就是:为什么偏偏是德国马克能够抓住这一历史机遇顺利地成为了"国际货币",而是不法国法郎或者意大利

结　语

里拉？这就不得不提及德国中央银行近乎偏执地追求物价稳定的唯一货币政策目标形成的历史逻辑和制度根源；不得不进一步分析，与美国发达的资本市场对美元国际化的强有力支撑相对应，德国极具竞争力的现代工业体系为马克国际化提供了坚实的支撑。一个值得注意的数据是，德国出口产品的80%是用德国马克来计价，这极大地提高了国际市场对德国马克的真实需求，德国生产商在计价货币选择上的底气和议价能力从何而来？对德国马克国际化微观基础的与美国发达的资本市场对美元国际化形成了强有力的支撑相对应，德国极具竞争力的完整现代工业体系为马克国际化提供了强大的支撑，即便是世界上最为发达和成熟，同时也是最为挑剔的市场——美国，其从德国的进口中57.1%要以德国马克计价，同期从日本的进口中只有21.2%以日元计价（1985年数据），德国制造商的议价能力和德国制造的国际竞争力由此可见一斑。德国工业品的竞争力极大地提高了国际市场对德国马克的真实需求，也就是储备马克以便购买德国产品，这与全球外汇市场上单纯地对某种货币的投机性需求有着根本性的不同。与美国依靠自身强大的军事实力和发达资本市场，以国际贸易逆差的形式输出美元不同，德国在国际贸易中虽然积累了巨额顺差，但又迅速地通过对外投资、对外援助和国际贷款等形式输出马克，实现了实体经济与本币国际化之间的良性互动。而正是一直以来对现代工业的坚持和执着，让德国能够在此次金融危机中迅速走出衰退的阴影，其经济表现在发达国家中一枝独秀。

货币国际化是一个综合性的政治和经济发展问题，而绝非一个单纯的金融问题，对货币国际化的讨论也应该具有更为宽广的视野和坚定地立足于本国实际的态度。德国"工业竞争力+政治性货币合作制度安排"的货币国际化路径显然更为艰辛和漫长，需要扎扎实实地立足于国内的实体经济，需要政治家的智慧来抓住转瞬即逝的国际机遇，通过国际合作来建立有利于本国的货币制度安排。但这却更有利于后进国家经济长期、稳定和健康地发展。这是德国马克国际化经验最为重要的启示。

参考文献

中文文献

李稻葵、刘霖林:《人民币国际化:计量研究及政策分析》,载《金融研究》,2008年第11期。

〔日〕大河内一男:《过渡时期的经济思想:亚当·斯密与弗·李斯特》,胡企林、沈佩林译,中国人民大学出版社2000年版。

〔奥〕路德维希·冯·米塞斯:《货币非中性》,见《货币、方法与市场过程》,戴忠玉、刘亚平译,新星出版社2007年版。

〔比〕保罗·德·格劳威:《货币联盟经济学》,汪洋译,中国财政经济出版社2004年版。

〔德〕赫尔曼·西蒙:《隐形冠军:全球最佳500家无名公司的成功之道》,阿丁、温新年等译,新华出版社2001年版。

〔德〕奥托·冯·俾斯麦:《思考与回忆》第二卷,山西大学外语系译,东方出版社1985年版。

〔德〕弗里德里希·李斯特,《政治经济学的国民体系》,陈万煦译,商务印书馆2009年版。

〔德〕卡尔·施密特:《政治的概念》,刘宗坤译,上海人民出版社2004年版。

〔法〕吉斯卡尔·德斯坦:《德斯坦回忆录——政权与人生》,侯贵信、龚元兴等译,世界知识出版社1991年版。

〔加〕蒙代尔:《蒙代尔经济学文集》第五卷,向松祚译,中国金融出版社2003

年版。

〔加〕蒙代尔：《蒙代尔经济学文集第六卷——国际货币：过去、现在和未来》，向松祚译，中国金融出版社2003年版。

〔美〕巴里·艾肯格林：《资本全球化：国际货币体系史》，彭兴韵译，上海人民出版社2009年版。

〔美〕保罗·沃尔克、〔日〕行天丰雄：《时运变迁》，贺坤、贺斌译，中国金融出版社1996年版。

〔美〕本·斯泰尔、罗伯特·E.利坦：《金融国策——美国对外政策中的金融武器》，黄金老、刘伟、曾超译，东北财经大学出版社2008年版。

〔美〕查尔斯·金德尔伯格：《西欧金融史》，何建雄译，中国金融出版社2010年版。

〔美〕亨普尔：《自然科学的哲学》，张华夏译，中国人民大学出版社2006年版。

〔美〕克莱因：《西方文化中的数学》张祖贵译，复旦大学出版社2005年版。

〔美〕劳伦斯·H.怀特：《货币制度理论》，李杨、周素芳、姚枝仲译，中国人民大学出版社2004年版。

〔美〕罗伯特·特里芬：《黄金与美元危机——自由兑换的未来》，陈尚霖、雷达译，商务印书馆1997年版。

〔美〕乔万尼·阿瑞吉、贝弗里·J.西尔弗等：《现代世界体系的混沌与治理》，王宇洁译，生活·读书·新知三联书店2003年版，第43页。

〔美〕约翰·肯尼斯·加尔布雷斯：《货币简史》，苏世军、苏京京译，上海财经大学出版社2010年版。

〔日〕富田俊基：《国债的历史——凝结在利率中的过去与未来》，彭曦、顾长江等译，南京大学出版社2011年版。

〔日〕鹿野嘉昭：《日本的金融制度》，余熳宁译，中国金融出版社2003年版。

〔英〕卡尔·波普尔：《猜测与反驳——科学知识的增长》，傅季重、纪树立、周昌忠、蒋弋为译，上海译文出版社2005年版。

〔英〕E.H.卡尔：《历史是什么》，陈桓译，商务印书馆2007年版。

〔英〕大卫·休谟：《休谟经济论文选》，陈玮译，商务印书馆1997年版。

〔英〕戴维·马什：《欧元的故事：一个全球货币的激荡岁月》，向松祚、宋姗姗译，机械工业出版社2011年版。

参考文献

〔英〕卡尔·波兰尼:《巨变：当代政治与经济的起源》，黄树民译，社会科学文献出版社 2013 年版。

〔英〕凯恩斯:《货币论》上卷，何瑞英译，商务印书馆 1986 年版。

〔英〕米德:《国际经济政策理论第一卷，国际收支》，李翀译，北京经济学院出版社 1990 年版。

〔英〕约翰·穆勒:《政治经济学原理及其在社会哲学上的若干应用》下卷，胡企林、朱泱译，商务印书馆 1991 年版。

陈晖:《日元国际化的经验和教训》，社会科学文献出版社 2011 年版。

陈平、管清友:《大国博弈的货币层面——20 世纪 60 年代法美货币对抗极其历史启示》，载《世界经济与政治》，2011 年第 4 期。

丁一凡:《货币金融合作：中欧战略合作"新武器"》，载《金融经济》，2005 年第 6 期。

丁一凡:《美欧何时才能走出债务危机的阴影》，载《当代世界与社会主义》，2011 年第 5 期。

丁一凡:《欧元时代》，中国经济出版社 1999 年版。

何帆:《为什么日元没有成为亚洲的主要计价货币》，载《国际经济评论》，2010 年第 6 期。

浦山:《法美货币战和资本主义世界国际货币体系的危机》，见中国社会科学院科研局组织选编:《浦山集》，中国社会科学出版社 2006 年版。

吴承明:《吴承明集》，中国社会科学出版社 2005 年版。

徐奇渊、李婧:《国际分工体系视角的货币国际化：美元和日元的典型事实》，载《世界经济》，2008 年第 2 期。

杨春学:《和谐社会的政治经济学基础》，载《经济研究》，2009 年第 1 期。

殷剑峰:《人民币国际化："贸易结算＋离岸市场"，还是"资本输出＋跨国企业"?——以日元国际化的教训为例》，载《国际经济评论》，2011 年第 4 期。

张斌、何帆:《如何应对经济崛起时期的汇率升值压力——日本、德国的经验与启示》，载《国际经济评论》，2004 年第 5—6 期。

张宇燕、张静春:《货币的性质与人民币的未来选择——兼论亚洲货币合作》，载《当代亚太》，2008 年第 2 期。

张宇燕:《国际经济政治学》,上海人民出版社2008年版。

赵柯:《中欧在国际货币体系改革中能否合作?》,载《现代国际关系》,2011年第3期。

中国社会科学院经济研究所:《经济走势跟踪》,2012年第30期(总第1250期),2012年4月25日。

周弘、彼得·荣根、朱民主编:《德国马克与经济增长》,社会科学文献出版社2012年版。

周弘:《福利国家向何处去》,社会科学文献出版社2006年版。

周弘主编:《欧洲发展报告(2008~2009):欧盟"中国观"的变化》,社会科学文献出版社2009年版。

朱民:《变化中的世界》,载《国际经济评论》,2012年第6期。

英文文献

Ahearne Alan and Eichengreen Barry, "External Monetary and Financial Policy: A Review and a Proposal", in André Spir (ed.), *Fragmented Power: Europe and Global Economy*, Bruegel, July 2007.

Andrews M. David (ed.), *International Monetary Power*, Cornell University Press, 2006.

Barry Eichengreen, *The European Economy since 1945: Coordinated Capitalism and Beyond*, Princeton University Press, 2007.

Bersten C. Fred, *The Dilemmas of The Dollar*, New York University Press, 1975.

Beyer Andreas, Gaspar Vitor, Gerberding Christina, Issing Otmar, "Opting out of the Great Inflation: German Monetary Policy after the Break Down of Bretton Woods", European Central Bank, Working Paper No. 1020, March 2009.

Bordo D. Michael, Simard Dominique, White Eugene, "France and the Bretton Woods International Monetary System: 1960 to 1968", NBER Working Paper No. 4642, February 1994.

Bretton L. Henry, *The Power of Money: A Political-Economic Analysis with Special Emphasis on the American Political System*, State University of New York Press, Albany, 1980.

Buchheim Christoph, "Die Waehrungsreform 1948 in Westdeutschland", in *Vierteljahrshefte fuer Zeitgeschichte*.

参考文献

Capie Forrest Capie, Wood Geoffrey, "The Birth, Life and Demise of a Currency: 50 Years of the Deutsche Mark", in *Economic Journal*, Vol. 111, 2001.

Chinn Menzie, Frankel A. Jeffrey, "Will the Euro Eventually Surpass the Dollar as Leading International Reserve Currency?", NBER, 2007.

Chivvis S. Christopher, "Charles de Gaulle, Jacques Rueff and French International Monetary Policy under Bretton Woods", in *Journal of Contemporary History*, Vol. 41, No. 4, Oct. 2006.

Cohen Benjamin, "The European Monetary System: An Outsider's View", Essays in International Finance No. 142, International Finance Section, Princeton University, June 1981.

Cohen Benjamin, *Adjustment Cost and the Distribution of New Reserves*, Princeton Studies in International Finance No. 18, International Finance Section, Princeton Universtiy, 1966.

Cohen Benjamin, *The Future of Sterling as an International Currency*, Macmillan Press, 1971.

Cohen Benjamin, *The Geography of Money*, Cornell University, 1998.

Cohen J. Benjamin, "Currency and Sate Power", Prepared for a conference to honor Stephen D. Krasner, Stanford University, December 4 – 5, 2009.

Cohen, Benjamin J., "The Euro and Transatlantic Relations", in Thomas L. Ilgen (ed.), *Hard Power Soft Power and the Future of Transatlantic Relations*, Ashgate, 2006.

Dell Edmund, "Britain and the Origins of the European Monetary System", in *Contemporary European History*, 1994.

Deutsche Bundesbank, "Die Rolle der D-Mark als internationale Anlage-und Reservewaehrung", *Monatbreicht*, April 1997.

Deutsche Bundesbank (eds.), *Fifty Years of the Deutsche Mark: Central Bank and the Currency in Germany since 1948*, Oxford University Press, 1999.

Dickhaus Monika, "The International Monetary Policy of the German Central Bank 1958 – 1970", EUI Working Paper HEC No. 2001/7, European University Institute, Badia Fiesolana, 2001.

Eichengreen Barry, *Exorbitant Privilege: The Rise and Fall of the Dollar and the Future of the International Monetary System*, Oxford University Press, 2011.

德国马克的崛起——货币国际化的政治经济学分析
The Rise of Deutsche Mark—The Political Economy Analysis on Currency Internationalization

Emminger Otmar, *D-Mark, Dollar, Waehrungskrisen: Erinnerungen eines ehemaligen Bundesbankpraesidenten*, Stuttgart, Deutsche Verlags-Anstalt, 1986.

Emminger Otmar, "Deutsche Geld-und Waehrungspolitik im Spannungsfeld zwischen innerem und aeusserem Gleichgewicht (1948 – 1975)", in Deutsche Emminger Otmar, Bundesbank (eds.), *Waehrung und Wirschaft in Deutschland 1876 – 1975*, Frankfurt.

Emminger Otmar, "Inflation and the International Monetary System", Per Jaccbsson Foundation, 16 June, 1973.

Franke Guenter, "Deutsche Finanzmarktregulierung nach dem Zweiten Weltkrieg zwischen Risikoschutz und Wettbewerbssicherung", Discussion Paper, Center of Finance and Econometrics, University of Konstanz, Oct. 2000.

Genberg Hans, "Currency Internationalisation: Analytical and Policy Issues", HKIMR Working Paper, No. 31, 2009.

Ghymers Christian, "Fostering Economic Policy Coordination in Latin America: The REDIMA Approach to Escaping the Prisoner's Dilemma", United Nations, ECLAC, Santiago, Chile, April 2005.

Glasner David, "An Evolutionary Theory of the State Monopoly over Money", in Kevin Dowd, Richard H. Timberlake (eds.), *Money and the Nation State: The Financial Revolution, Government and the World Monetary System*, Transaction Publishers, 1997.

Goodhart Charles, "The Two Concepts of Money: Implications for the Analysis of Optimal Currency Areas", in *European Journal of Political Economy*, Vol. 14, 1998.

Gray William Glenn, "Number One in Europe: The Startling Emergence of the Deutsche Mark, 1968 – 1969", in *Central European History*, Vol. 39, 2006.

Helleiner Eric, "Political Determinants of International Currencies: What Future for the US Dollar?", in *Review of International Political Economy*, August 2008.

Hetzel L. Robert, "German Monetary History in the Second Half of the Twentieth Century: From the Deutsche Mark to the Euro", in *Federal Reserve Bank of Richmond Economic Quarterly*, Vol. 88/2, Spring 2002.

Ingham Geoffrey, *The Nature of Money*, Polity Press, 2004.

Issing Otmar, *The Birth of the Euro*, Cambridge University Press, 2008.

参考文献

James Harold, *International Monetary Cooperation Since Bretton Woods*, Internatinoal Monetary Fund and Oxford University Press, 1996.

Johnson Juliet, "Forbidden Fruit: Russia's Uneasy Relationship with the US Dollar", *Review of International Political Economy*, August 2008.

Kannan Prakash, "On the Welfare Benefits of an International Currency", IMF Working Paper, WP/07/49, March 2007.

Kanpp Georg Friedrich, *The Sate Theory of Money*, London, Macmillan, 1924.

Kenen B. Peter, "Currency Internationalisation: An Overview", paper for BoK-BIS Seminar on currency internationalisation: Lessons from the global financial crisis and prospects for the future in Asia and the Pacific, 19 March, 2009.

Keynes John Maynard, *The Economic Consequences of the Peace*, London, Macmillan And Co. Limited, 1919.

Kirshner Jonathan, "Money is Politics", in *Review of International Political Economy*, Vol. 10, No. 4, Nov. 2003.

Kirshner Jonathan, "The Study of Money", in *World Politics*, Vol. 52, No. 3, 2000.

Kirshner Jonathan, *Currency and Coercion: The Political Economy of International Monetary Power*, Princeton University Press, 1995.

Krugman R. Paul, "The International Role of the Dollar: Theory and Prospect", NBER, 1984.

Loedel Peter Hemming, *Duetsche Mark Politics: German in the European Monetary System*, Lynne Rienner Publishers, 1999.

Lucas E. Robert, "Monetary Neutrality", in *Journal of Political Economy*, Vol. 104, No. 4, 1996.

Maes Ivo, "The Evolution of Alexandre Lamfalussy's Thought on European Monetary Intergration (1961–1993)", Paper prepared for the 31st Aphes Conference, Coimbra, 18–19 November, 2011.

Maziad Samar, Farahmand Pascal, Wang Shengzu, Segal Stephanie, and Ahmed Faisal, "Internationalization of Emerging Market Currencies: A Balance between Risks and Rewards", IMF Staff Discussion Note, October 19, 2011.

Menger Karl, "On the Origin of Money", *The Economic Journal*, Vol. 2, No. 6, 1892.

Moss Frank, "The Euro: Internationalised at Birth", paper for Seminar on Currency Internationalisation, Seoul, March 2009.

Papaioannou Elias, Portes Richard, "Costs and Benefits of Running an International Currency", Economic Papers 348, European Commission, November 2008.

Putnam D. Robert, Henning Randall, "The Bonn Summit of 1978: A Case Study in Coordination", in *Can Nations Agree? Issues in International Economic Cooperation*, Washington, D. C., Brookings Institution, 1989.

Richard Cantillon, *Essai sur la nature du commerce en général*, edited with an English translation by Chantal Saucier and Mark Thornton, Ludwig von Mises Institute, 2010.

Rogoff Kenneth, Giavazzi Francesco, Schneider Friedrich, "Blessing or Curse? Foreign and Underground Demand for Euro Notes", in *Ecomonic Policy*, Vol. 13, No. 26, Apr. 1998.

Rueff Jacques, *The Monetary Sin of the West*, Macmillan, 1972.

Sargent J. Thomas, "United States Then, Europe Now", in *Journal of Political Economy*, Vol. 120, Issue 1, 2012.

Seitz Franz, "Der DM-Umlauf im Ausland", Diskussionspapier 1/95, Deutsche Bundesbank, Mai. 1995.

Soko Tannka, "A Comparison of the European International Currencies: The Euro and the Duetsche Mark", Paper presented for the first international workshop of the joint research group "EU Economy" of EUIJ Tokyo Consorium at Hitltsubashi University on 23 Sepetember, 2006.

Solomon Robert, *The International Monetary System, 1945 – 1976: An Insider's View*, Happer & Row, Publishers, 1977.

Strange Susan, "The Poltics of International Currencies", in *World Politics*, Vol. 23, No. 2, Jan. 1971.

Subacchi Paola, "No New Bretton Woods, But a System in Flux", in *Beyond the Dollar: Rethinking the International Monetary System*, Edited by Paola Subacchi and John Driffill, Chatham House, March 2010.

Takagi, Shinji, "Internationalising the Yen, 1984 – 2003: Unfinished Agenda or Mission Impossible?", Prepared for presentation at the BIS-BOK Seminar on "Currency internationalization: Lessons from the International Financial Crisis and Prospects for the Future in Asia and the

参考文献

Pacific", Seoul, 19 – 20 March, 2009.

Tavlas S. George, "The International Use of the US Dollar: An Optimum Currency Area Perspective", in *The World Economy*, Vol. 20, Iss. 6, September 1997.

Tavlas S. George, "On the International Use of Currencies: The Case of the Duetsche Mark", in *Essays in International Finance*, No. 181, Internatioanal Finance Section, Princeton University, March 1991.

Teunissen Jan Joost, "The International Monetary Crunch: Crisis or Scandal?", in *Alternatives*, Volume XI, No. 3, July 1987.

Toru Iwami, "The Internationalization of Yen and Key Currency Questions", IMF Working Papers 94/41, 1994.

Trichet Jean-Claude, Speech at the "Schierensee Gespraeche", European Central Bank, 14 May, 2004.

Triffen Robert, *Europe and the Money Muddle: From Bilateralism to the Near-Convertibility 1947 – 1945*, New Haven, Yale University Press.

Vermeiren Mattias, "Monetary Power and Eurrope: EMU's Role in Global Monetary Governance", Paper presented at the annual meeting of the International Studies Association Annual Conference "Global Governance: Political Authority in Transition", Quebec, 1 December, 2011.

Wray L. Randall, *Understanding Modern Money: The Key to Full Employment and Price Stability*, Edward Elgar Publishing Limited, 1998.

Wyplosz Charles, "An International Role for the Euro? in Jean Dermine and Pierre Hillion", in *European Capital Markets with a Single Currency*, Oxford University Press, 1999.

Zimmermann Hubert, *Money and Security: Troops, Monetary Policy, and West Germany's Relations with the United States and Britain, 1950 – 1971*, Cambridge University Press, 2002.

后　记

　　本书能够出版要感谢中共中央党校国际战略研究所的领导们，在所里科研经费非常紧张的情况下，仍然决定从2013年起，每年资助所里的青年教师出版自己的专著，本书正是受益于此。本书是在博士论文的基础上修改而成，出版时本想重新再写一篇后记，但转念一想，博士论文其实就是一份宝贵的青春回忆，博士论文的后记更是一篇"致青春"，是当时心境的体现，应该原原本本的保留。所以，还是把它来作为本书的后记，作为一份求学时光的美好纪念。

　　在与同学相互交流写作博士论文的心得和"吐槽"其中的艰辛时，大家不约而同地有一个"共识"：一篇博士论文最为精彩的地方是"后记"而非"正文"，当我们参考他人博士论文之时往往是先看后记。为什么后记如此吸引人呢？我曾经不止一次地"认真思考"过这个问题，终于在自己写博士论文后记的时候可以把"相关研究成果"公布出来。根据自己的"考证"，后记之所以有魅力，其根源有四：第一，历史"八卦"之美。许多文笔优美的高手将自己求学期间的所见、所闻、所感用轻松幽默的笔调娓娓道来，读后既满足了好奇心又收获了轻松一刻的愉悦；第二，反思之美。后记中作者往往会提及自己求学过程中的遗憾和不足，分享自己的人生经验和教训，对后学者而言无疑是一笔无形的财富；第三，感恩之美。后记中往往都有一大串需要感谢的人的名单，

后 记

读着这些"好人好事",人的心绪会变得柔软而温和,会更少一些"愤世嫉俗"多一些感恩和憧憬;第四,成熟的青春之美。如果上升到人生历程的高度,攻读博士学位的这段时光无疑是代表了人生这本书中最为特殊的一章,它让我们的青春继续成长,在朝气蓬勃中多了一份深刻,狂野张扬中多了一份含蓄,指点江山时多了一份思考,彷徨迷茫时多了一份从容。后记则在某种程度上成为了一篇"致青春",字里行间透露出的这份成熟青春之美让我们互相"心有戚戚焉"。

对于我而言,中国社会科学院欧洲研究所已经远远超出了一个科研机构的定义,她是一个圣地、一个殿堂、一个温暖的港湾、一个改变我人生轨迹的地方。正是因为在"14楼"的这六年宝贵的学习机会,让我经历和享受了历史"八卦"之美、反思之美、感恩之美和成熟的青春之美。首先要感谢我的导师周弘老师,周老师为人正直、学养深厚,能够成为她的学生是我的荣幸。周老师经常说,研究的对象虽然是欧洲,但心里要想着中国,没有对自己国家的深刻理解,是不可能做好国际问题研究的;周老师要求重视对理论的学习,但总是提醒说做学术是踏踏实实研究问题,而不是被各种理论牵着鼻子走;虽然对现实问题的关注是中国社会科学院作为"智库"责无旁贷的任务,但周老师总是要求一定要对历史下足功夫,要有"历史感";周老师从来都不把国际政治作为一个单一的学科,总是鼓励和提倡多学科的融合,从跨学科的角度去理解国际政治,所以对我这样一个"正经"国际政治专业的学生,却"不务正业"地去研究货币金融问题,周老师传递给我的更多是鼓励、宽容和理解,并且提供给我参与她所主持的关于"德国经验"系列研究课题的机会,这让我大大加深了对战后德国历史的认识。她的这些教诲都是我一生用之不尽的宝贵财富。虽然周老师在科研之外还承担着繁重的行政任务,几乎每天的日程都是排得满满的,但是只要是学业上的问题,她都挤出充分的时间耐心作答,并且创造各种机会让我参加欧洲所内外的学术交流和会议，这大大开阔了我的眼界。尤为感动的是，学业之外，老师还为我的前途未来操心。老师的教诲和关爱让我终生难忘。

感谢国务院发展研究中心的丁一凡老师，丁老师2008年在研究生院开设的《国际经济关系》课程让我第一次领略到了货币的魅力，了解到货币在国际政治博弈中的巨大作用，正是这门课激发了我对货币政治经济学的热情，让我终身受益。丁老师的这门课当时是晚上6点上课，晚上9点下课，但每次课后丁老师都要"被迫"额外"加班"回答我们的问题，从来没有在10点半之前离开过教室。丁老师还欣然接受邀请与我们一起在课间休息时间吃西瓜，每次丁老师课前，挑一个好吃多汁的西瓜，成为了我们的一件"大事"。丁老师在历史学方面的深厚素养，横跨于政治学与经济学之间的那份游刃有余的从容，影响了包括我在内的一大批研究生院的同学。丁老师在我博士论文选题和写作过程中无私地给予了大量的指导，提供了许多的帮助，让我能够有进一步深入学习的机会。

感谢中国社会科学院经济研究所的杨春学老师，杨老师的课让我有机会系统地学习经济学的理论与经济学思想发展的脉络，同时在课后，杨老师对于研究生院众多来自不同学科的学生的要求几乎有求必应，总是愿意花费大量时间不仅为经济学专业的学生，还特别是许多像我这样"非专业"学生耐心地提供进一步的帮助，杨老师在德国社会市场经济理论和德国工业化史方面给予的指导，对于我博士论文的写作起到了非常重要的作用。杨老师的课让我学会了欣赏经济学思想之美、经济学思维之美。

感谢我的硕士导师田德文老师，是田老师引我进入学术之门，田老师不仅教我如何做学问，还教我如何做人；不仅为我解答学业上的困惑，更是为我解决生活中的难题。田老师有句话让我一直铭记：做研究要有人文关怀，你的研究要争取让那些和你一样生活在这个国家的人过得更

后 记

好，而不能过得更差。

感谢裘元伦老师对后辈的关爱，感谢欧洲系系主任江时学老师和系秘书蔡雅洁老师，一直不辞辛劳地为欧洲系学生默默奉献。感谢宋晓敏老师，她一直以来的鼓励、信任和指导使我能不断进步；感谢张海洋老师，他对我研究方向的肯定和建议让我非常受益，感谢财贸所的张斌老师，他对政治经济学的理解让我受益匪浅，学生能够在《财务管理》的课堂上听到国际共运史，听到巴黎公社与社会公正问题，听到维特根斯坦的逻辑实证主义哲学，这可能只有张老师才能做到；感谢外文所的叶隽老师，叶老师不仅在学业上对我无私地指导和关怀，他对中西文化的贯通和博学，治学的严谨和勤奋，一直是我的榜样。感谢北大的连玉如老师，她一直鼓励我坚持对德国的研究，她的许多宝贵意见对我帮助很大。

感谢武汉大学的张晓通老师，他在许多学术问题上的独特视角给我了很大的启发，并且无论在学术上还是生活上都给了我很大的帮助；感谢对外经济贸易大学的王宏禹老师，他的热心让我倍感温暖。

要感谢的老师还有很多，特别是欧洲所的老师们，他们精彩的课程和热心的帮助让人难忘，他们是程卫东老师、赵晨老师、杨解朴老师、郭灵凤老师、张金岭老师、彭姝祎老师、陈新老师、胡琨老师、傅聪老师、刘作奎老师、孙莹炜老师、王鹤老师、吴弦老师等各位老师。

"同学的力量"更是在求学过程中让我体会深刻，于长江，我常称之为于兄，他对历史的感悟，常常会在我对一个问题百思不得其解之时令我豁然开朗，帮助我转换另外一种思维和分析角度。在学业之外，他对人生、生活、事业的见解常常帮助我走出迷茫。

吴大新，我常称之为吴哥，他对学术的执著和单纯的热爱常常令我自愧不如，成为鞭策自己的动力；他在学术研究中所体现出的人文精神和终极关怀常常令我感动，成为我检讨自己的一面镜子。聆听吴哥对经济学思想的感悟和理解，对现实问题的理论抽象，是一种美的享受。

感谢易小明和张鹏两位师兄对我各个方面的关照和帮助，还要感谢徐青，从德国留学归国的他无论是关于德国研究还是专业的经济、金融方面的知识，都给出了很多有益的建议，感谢熊淑娥，她从文化角度研究国际政治的分析方法给我很大启发；感谢孙丽燕，从她那里我学到了很多关于国际贸易和国际金融方面的专业知识；感谢李斌，他是我关于俄罗斯问题经常要请教的对象；陆万军，他扎实的经济学功底令人受益很多。还要感谢晁静、王爱华、张占力、余颖丰、高阔、史惠宁、何乐、李晓耕等众多有才华的同学好友，有幸与他们在研院同窗。

本书的部分章节曾经发表于《世界经济与政治》、《欧洲研究》、《现代国际关系》、《国际贸易》等学术期刊，笔者在此深表谢意。

特别感谢我的妻子孙婷娜，读硕士的时候跟她说好了，三年毕业之后就工作，结果我是"说好三年，三年之后又三年"，继续攻读博士学位。因为这六年是全职脱产读书，我自然对家庭贡献极少，她一个人承担了所有的家庭负担和家务琐事，让我心无旁骛，没有任何负担地去圆自己的"读书梦"，我亏欠她的太多了。她的付出与支持永远是我前进的动力。这本书要献给她。

赵 柯

2014年12月31日晚于北京临河里

图书在版编目（CIP）数据

德国马克的崛起：货币国际化的政治经济学分析/赵柯著.
—北京：中央编译出版社，2015.9
ISBN 978-7-5117-2773-2

Ⅰ. ①德…
Ⅱ. ①赵…
Ⅲ. ①货币－国际化－研究－德国
Ⅳ. ①F825.16

中国版本图书馆 CIP 数据核字（2015）第 216585 号

德国马克的崛起：货币国际化的政治经济学分析

出 版 人：刘明清
出版统筹：董　巍
责任编辑：侯天保
责任印制：尹　珺
出版发行：中央编译出版社
地　　址：北京西城区车公庄大街乙 5 号鸿儒大厦 B 座（100044）
电　　话：(010) 52612345（总编室）　　(010) 52612339（编辑室）
　　　　　(010) 52612316（发行部）　　(010) 52612317（网络销售）
　　　　　(010) 52612346（馆配部）　　(010) 55626985（读者服务部）
传　　真：(010) 66515838
经　　销：全国新华书店
印　　刷：北京紫瑞利印刷有限公司
开　　本：787 毫米×1092 毫米　1/16
字　　数：157 千字
印　　张：12.25
版　　次：2015 年 9 月第 1 版第 1 次印刷
定　　价：50.00 元

网　　址：www.cctphome.com　　邮　　箱：cctp@cctphome.com
新浪微博：@中央编译出版社　　微　信：中央编译出版社(ID: cctphome)
淘宝店铺：中央编译出版社直销店(http://shop108367160.taobao.com)　　(010)52612349

凡有印装质量问题，本社负责调换，电话：(010) 55626985